Márcia Maria Costa Azevedo

IMPACTOS DAS AÇÕES GOVERNAMENTAIS BRASILEIRAS DE PROTEÇÃO DOS DIREITOS INDÍGENAS À TERRA A PARTIR DE 1988

AMBRA UNIVERSITY press

Publisher: Ambra University Press
First edition: FEBRUARY 2025 (Revision 1.0a)

Author: Márcia Maria Costa Azevedo.
Title: Impactos das ações governamentais brasileiras de proteção dos direitos indígenas à terra a partir de 1988
Cover design: Ambra University Press
Book design: Ambra University Press
Proofreading: Ambra University Press

E-book format: EPUB
Print format: Print format: Paperback- 6 x 9 inch

ISBN: 978-1-966958-00-0 (Print - Paperback)
ISBN: 978-1-952514-98-2 (e-book – EPUB)

Ambra University Press is a division of Ambra Education, Inc.
Orlando, FL, USA
https://press.ambra.education/ • https://www.ambra.education/

Editora: Ambra University Press
Primeira edição: fevereiro 2025 (Revisão 1.01)

Autores: Márcia Maria Costa Azevedo.
Título: Impactos das ações governamentais brasileiras de proteção dos direitos indígenas à terra a partir de 1988
Design da capa: Ambra University Press
Projeto gráfico: Ambra University Press
Revisão: Ambra University Press

Formato e-book: EPUB
Formato impresso: Capa mole - 6 x 9 polegadas

ISBN: 978-1-966958-00-0 (Impresso – capa mole)
ISBN: 978-1-952514-98-2 (e-book – EPUB)

Ambra é uma marca da Ambra Education, Inc. registrada no U.S. Patent and Trademark Office.
Ambra University Press é uma divisão da Ambra Education, Inc.
Orlando, FL, EUA
https://press.ambra.education/ • https://www.ambra.education/

SUMÁRIO

SOBRE A AUTORA

Márcia Maria Costa Azevedo

Possui graduação em Direito pela Universidade Estadual do Piauí (UESPI); especialista em Direito Civil e Processual Civil pela Sociedade de Ensino Superior Piauiense-Faculdade Piauiense-FAP); Mestre em Ciências Jurídicas pela Ambra University; Advogada; Escritora; Exerceu vários cargos públicos, estando, atualmente, no cargo de Analista Judiciário do Tribunal Regional Eleitoral do Maranhão.

INTRODUÇÃO

Este trabalho versará sobre os eventuais efeitos das ações governamentais sobre os direitos indígenas à terra desde 1988 no Brasil, data da promulgação da atual Constituição da República, que será utilizada como marco temporal e jurídico para observância de alguns questionamentos, tais como, se houve impactos positivos ou negativos nesses direitos, se estavam ou não compilados, se tinham sido assegurados anteriormente ou se foram ampliados a partir de então.

Ter-se-á, então, como delimitação geográfica o território brasileiro, com abordagem de como o Brasil se insere na temática em âmbito internacional perante tratados e convenções internacionais, posto que, além de ser um direito constitucional, está elencada no rol de direitos humanos.

Essa questão foi escolhida porque, além de ser uma temática atual e, à primeira vista, parecer estar mais limitada às comunidades indigenistas e aos que se ligam à defesa de seus direitos, é um assunto de relevante interesse não só para a sociedade brasileira quanto para a comunidade internacional para que sejam fiscalizados se esses direitos estão sendo realmente assegurados aos seus beneficiários e quais os principais instrumentos jurídicos para assegurá-los.

Para tanto, serão mencionadas as terminologias básicas do tema, o que poderá ter motivado a mudança de terminologias como de silvícolas para indígenas nos normativos, por exemplo, bem como a mudança de visões e do tratar das questões em comento nas políticas acerca da participação indígena no contexto social brasileiro, tais como assimilacionismo, integracionismo, entre outros.

Portanto, serão abordados, ainda, em seguida, se há fatores a dificultar a efetividade deste direito e que possam, eventualmente, acarretar sua violação.

Para isso, serão mencionadas as principais ações dos personagens essenciais deste tema, a saber: dos membros da sociedade brasileira e internacional, dos órgãos públicos, dos legisladores, do poder judiciário e da comunidade indígena em si por meio de obras bibliográficas, da análise de algumas ações judiciais, da legislação vigente e da já revogada sobre este assunto, dos projetos de lei, das recomendações ministeriais, dentre outros documentos de maior relevância pesquisados.

Com esse propósito, foram utilizados métodos de abordagem dedutivo e indutivo bem como os métodos de procedimento histórico e comparativo com as técnicas de pesquisa documental e bibliográfica.

As diferentes metodologias de pesquisa foram usadas de forma complementar porque, ao utilizar o método dedutivo, partiu-se da análise de uma premissa, que embasou uma pesquisa pautada na observância de informações, fatos e dados para obtenção de um resultado.

Assim, principiando da generalização das variadas ações governamentais, será feita uma pesquisa específica daquelas que envolvam a proteção do direito indígena com ênfase em determinados argumentos e fatos que possam ter fundamentado o direito dos indígenas à terra, levando em consideração a delimitação geográfica e temporal. Para isso, foram utilizadas teorias e leis gerais para chegar ao caso particular desse direito dos indígenas à terra.

Já o método indutivo foi escolhido por começar de fatos de conhecimento particular para atingir uma conclusão geral. Para isso, serão observados fatos históricos que envolvam os indígenas para perceber se houve ou não padrão nas observações adquiridas durante a pesquisa para desenvolver uma conclusão.

Quanto à escolha do método de procedimento histórico, deu-se em virtude de o contexto fático-histórico brasileiro ser uma das principais fontes da presente pesquisa, tendo em vista que subsidiou, por sua vez, o método comparativo para entender os fatos ocorridos em seu momento histórico passado e verificar a eventual correlação das circunstâncias atuais dos direitos indígenas à terra com os fatos ocorridos anteriormente nas diferentes fases sociais, em especial, no Brasil Colônia, Império e República, fazendo também uma breve relação com a América Latina e com os Estados Unidos.

Relativo aos tipos de pesquisa, escolheu-se a documental porque os documentos de cunho histórico, cultural e social servem de fonte primária já que os indígenas são povos originários do território brasileiro e existem, por exemplo, registros escritos acerca dos indígenas que aqui habitavam na chegada dos povos estrangeiros elaborados pelos primeiros missionários enviados durante o período colonizatório, além de obras elaboradas pelos próprios indígenas bem como estatísticas e dados de órgãos públicos e de entidades privadas.

Já a pesquisa bibliográfica foi escolhida por os indígenas serem tema de estudo e de pesquisa em trabalho acadêmico, sendo, portanto, fonte secundária para a observância dos resultados e das respostas desenvolvidos pelos seus autores.

Foram realizadas pesquisas bibliográfica e jurisprudencial em julgados do Supremo Tribunal Federal (STF) nos Acórdãos de Repercussão Geral com o Pleno como órgão julgador, nas bases Google Acadêmico e Scielo, das casas legislativas brasileiras e de órgãos governamentais assim como pesquisas por determinados casos levados à Corte Interamericana de Direitos Humanos.

Dessa forma, escolheu-se dividir o presente trabalho em 04 (quatro) capítulos, iniciando-se com um sucinto histórico dos direitos indígenas em âmbito interno, uma breve abordagem dos primeiros instrumentos normativos a versarem sobre tais direitos na perspectiva internacional bem como dos primeiros normativos brasileiros anteriores à citada data de promulgação do instrumento constitucional vigente para, adiante, abordar um pouco sobre a relevância e sobre as inovações trazidas por tal instrumento, além das discussões em organismos internacionais.

Seguidamente, explanar-se-á acerca da relação da terra para os indígenas, com uma rápida exposição dos instrumentos e dos institutos normativos internos e internacionais que se ocupam deste tema. Discorrer-se-á, ainda, sobre as formas de aquisição de terras no território brasileiro e latinoamericano e sua presumível influência sobre o direito à terra, além da natureza jurídica de determinados institutos pertinentes ao tema e do caso judicializado Sawoyara X Paraguai.

Logo depois, apresentar-se-ão os eventuais impactos das ações governamentais sobre os direitos indígenas, em especial, as políticas públicas bem como as ações, os desafios e os progressos de organismos internacionais, organizações não-governamentais e comunidades indígenas sobre esses direitos.

Por fim, tratar-se-á sobre as possíveis dificuldades e impeditivos do direito à terra dos indígenas, com uma curta análise sobre a eficácia das políticas públicas básicas sobre tal direito, as principais atividades que põem em risco esse direito e quais as possíveis melhorias para sua efetivação.

HISTÓRICO SOBRE O DIREITO DOS INDÍGENAS

Neste capítulo, haverá a contextualização do objeto da pesquisa, iniciando com um sucinto histórico acerca dos direitos indígenas, com ênfase nos indígenas do território brasileiro.

Será feito um comparativo entre os primeiros instrumentos normativos, as medidas administrativas adotadas e as políticas aplicadas aos indígenas desde o período colonial até os dias atuais.

O foco dessa pesquisa abrangerá os direitos indígenas em âmbito interno e serão tecidas considerações quanto a estes em âmbito internacional por tais direitos terem sido reconhecidos previamente em ambiente internacional, como fruto da organização indígena em busca da atenção mundial para suas questões.

PRIMÓRDIOS DOS DIREITOS DOS INDÍGENAS

Qualquer estudo ou pesquisa sobre indígenas envolve a interdisciplinaridade e abrange aspectos históricos, antropológicos, políticos, dentre outros.

Assim, a princípio, será feita uma breve passagem sobre a história indígena brasileira e a sua luta pelo reconhecimento e pelo desenvolvimento de seus direitos até 1988 bem como uma célere abordagem dos mais relevantes e pioneiros instrumentos internacionais nesse decurso de tempo.

A partir da vinda dos portugueses, passou a haver um jogo de interesses políticos, econômicos e ideológicos que acabaram afetando os indígenas, os seus direitos e gerando conflitos que perduram até os dias contemporâneos.

Segundo Araujo (2006), inicialmente, em 1500, os indígenas que viviam em terras que correspondem ao território brasileiro não eram vistos, pelos europeus, de forma equânime aos portugueses, sendo julgados como inferiores, sem cultura ou civilidade, tendo em vista que foram desconsideradas as diferenças culturais, sociais e de costumes. Tem-se, por exemplo, o fato de que os indígenas não adotavam moedas nem tinham a ideia de posse sobre algo por terem um sistema social baseado na ajuda mútua, na coletividade e na subsistência.

Para Ramos (2012), o processo de colonização do Brasil trouxe muitas mudanças para os indígenas, porém, regadas, em sua maior parte, à violência, aos deslocamentos forçados, à exploração e à discriminação pelos colonizadores.

O próprio contexto colonial fez os indígenas serem vistos como pessoas a serem integradas à cultura portuguesa, com base no eurocentrismo, sendo forçados a aprender o idioma português, a adotar o monoteísmo ao serem catequisados, sendo esse o primeiro passo da política assimilacionista, abraçada até mesmo no período republicano consoante Luciano (2006).

A relação entre portugueses e indígenas sofreu alterações à medida que os interesses econômicos dos primeiros foram mudando de acordo com dados históricos. O subjugamento dos indígenas pela coroa portuguesa se deu pelas constantes mudanças na relação entre eles, posto que, passaram de parceiros comerciais com a prática do escambo, a inimigos, por não aceitarem ser mão-de-obra escrava ou compulsória.

Segundo a obra de Marchant (1943), o escambo foi um elo de contato primário entre indígenas e portugueses no período pré-colonial, quando não falavam ainda o mesmo idioma, assim que atingiram as terras brasileiras. Pero Vaz de Caminha foi quem primeiro fez um registro histórico escrito sobre o Brasil em sua carta ao rei português Dom Manuel e nela informou as primeiras impressões sobre as terras avistadas, sobre os indígenas e sobre as incipientes trocas não-monetizadas que seriam mais frequentes, posteriormente, com a extração do pau-brasil.

Logo Portugal enviaria mais embarcações para o Brasil e nelas viriam representantes religiosos, conhecidos como jesuítas. Os indígenas eram, inclusive, um dos temas recorrentes nas correspondências dos jesuítas a seus superiores em Portugal, as quais se tornaram de domínio público por seu caráter histórico, como as cartas de Manuel da Nóbrega, um dos jesuítas escolhido para chefiar uma das primeiras missões religiosas enviadas à América pela Companhia de Jesus ou Ordem dos Jesuítas. Também tiveram importantes papéis nos registros históricos brasileiros os Padres José de Anchieta e Antônio Vieira. Empenharam-se, outrossim, na escrita de livros.

No estudo sobre a biografia de um dos jesuítas, Serafim Leite, Pedro (2008) aduz que a Companhia de Jesus é uma ordem religiosa criada pelo espanhol Inácio de Loyola cujo objetivo era espalhar o evangelho pelo mundo e auxiliar os enfermos. No Brasil, porém, concentrou-se mais na construção de escolas, no ensino do idioma português e na catequese indígena. Manifestavam oposição à forma com que os colonizadores tratavam os indígenas pelas divergências ideológicas e políticas contra a escravidão destes.

Nessas cartas, Manuel da Nóbrega, assim como os demais missionários, demonstra preocupação com alguns costumes indígenas que desejava findar como serem antropófagos, polígamos, andarem nus, não crerem num único deus e guerrearem entre si. Entretanto, suas críticas a alguns comportamentos portugueses, em especial, a não aceitação da forma como tratavam os indígenas, acarretou descontentamento quanto à permanência desta Companhia no Brasil como mencionado em Pinheiro (2003).

A própria Santa Sé começa sua influência sócio-política com as precedentes declarações em favor dos direitos indígenas a partir da emissão da Bula Sublimus Deus pelo Papa Paulo III, em 1537, que os reconheceu como seres humanos, condenou expressamente a sua escravidão e assegurou-lhes a posse de bens de acordo com informações divulgadas pelo Vaticano.

Além de fé e de educação, as novas terras precisavam de ordem e organização. As Cartas Régias ou Ordens Régias, promulgadas por Portugal são, então, as primeiras referências normativas sobre os direitos dos povos indígenas no período colonial. Elas são documentos normativos oficiais com força de leis assinados por uma monarca para ordenar alguma providência permanente às autoridades coloniais.

Até 1549, o regime administrativo no Brasil eram as Capitanias Hereditárias concedidas através de Forais e de Cartas de Doações conforme documentos do Arquivo Nacional. Sem os resultados esperados, foi inserido o sistema de governador-geral para substituí-las.

Com o tempo, Portugal percebeu que as leis portuguesas não eram de fácil aplicação no Brasil e instituiu leis mais adaptadas às tais circunstâncias. A legislação indigenista no Brasil passa a contar, portanto, além das cartas, com avisos, regimentos, decretos e alvarás.

Interessante a sinopse apresentada por Cunha (1992) acerca da legislação indigenista dessa época. Destaca a gritante contradição e a forte oscilação entre os institutos da liberdade e da escravização indígenas condicionados à aliança ou não com os portugueses.

As leis que garantiram tais liberdades são datadas de 1609, 1680 e 1755. Passa-se, dessa forma, a um apanhado sobre estas.

Em 1609, a Carta Régia dispôs sobre a liberdade dos indígenas e atribuiu-lhes remuneração, caso prestassem serviços aos colonos, vedando que trabalhassem involuntariamente.

Em 1611, o Rei Dom Filipe III assegurou o direito à terra aos indígenas, proibindo que fossem retirados de forma forçada, ou seja, determinando que seu deslocamento ocorresse somente se assim o desejassem segundo aponta Pereira (2017).

Mas, foi somente através do Alvará Régio, de 1680, que Portugal reconheceu a posse aos indígenas sobre as terras que ocupavam por serem povos originários e garantiu, ainda, aos que fossem desaldeados, um local para viverem.

Freyre (2001) frisa que, de início, os aldeamentos foram criados com fins de reunião dos indígenas em aldeias, mesmo os de etnias diferentes, para facilitar os processos de integração à sociedade, de alfabetização, de conversão religiosa, de utilização de mão-de-obra para jesuítas e colonos, dando-lhes direito à terra, embora em proporção bem menor do que sua terra original, direito a não serem escravizados, embora houvesse compulsoriedade laboral que lhes assegurava legalmente pagamento pelo trabalho que realizavam.

No ano de 1757, o Marquês de Pombal, Ministro Sebastião José de Carvalho e Melo, trouxe novas medidas para as colônias portuguesas, em especial referentes às mudanças relativas à utilização da mão-de-obra indígena, à expulsão dos jesuítas e à implementação do Diretório dos Índios conforme informações do Arquivo Nacional.

Esse Diretório foi criado por Dom José I, em 1755 e implementado pelo seu Ministro Marquês de Pombal, em 1757, para que os aldeamentos do Maranhão e do Grão-Pará fossem transformados em vilas e em aldeias com denominações portuguesas sob a administração de agentes públicos, nomeados pelos Governadores-gerais, retirando-a dos jesuítas. E pelo Alvará de 1758, tal sistema diretorial passou a ter aplicabilidade integral no território brasileiro.

Foi concedida a emancipação e a equiparação dos indígenas aldeados aos demais habitantes brasileiros com fins de incorporá-los à comunidade, torná-lo um trabalhador nos moldes europeus e auxiliar no povoamento e na defesa do território colonial, além de ter a obrigação de pagar tributos ao rei para Musy (2018).

Mas, tal contexto só denota que a exploração indígena passou para os Diretores de Índios que os faziam trabalhar compulsoriamente, cobravam-lhes dízimos e os proibiam de usar suas línguas maternas e suas habitações coletivas, resultando em fugas, em deserções e em mais conflitos. Porém, em plena crise da administração pombalina, o Corpo de Trabalhadores substituiu o referido Diretório em 1798.

Foi promulgada, posteriormente, a Carta Régia de 1808, que, em síntese, permitiu as "guerras justas" segundo as quais, era autorizado aos colonos travarem guerras, em legítima defesa, contra eventuais ataques indígenas, associando os indígenas a feras ou selvagens que justificavam essa intervenção dos não-indígenas para o seu bem.

Já a Carta Régia de 1819, de Dom João VI, reconheceu como nulas as concessões das sesmarias nas terras ocupadas por povos indígenas e, também, que seriam inalienáveis.

Como referido pelo escritor Maluf (2017), o sistema sesmarial foi criado, em 1375, em Portugal, pelo rei Dom Fernando I. Seu principal objetivo era combater a crise geral de abastecimento com a vinculação do direito à terra ao seu consequente cultivo. Consistia na distribuição real de um lote de terra a algum beneficiário que se encarregava de cultivá-la.

De forma precursora, o sistema de sesmarias implantado pela Coroa portuguesa atribuiu porções de terra a um sesmeiro em troca da produção e, depois, o acesso à terra só se daria pela compra.

Conforme, ainda, o supracitado escritor, tal sistema foi implantado no Brasil juntamente com o sistema de capitanias hereditárias, em 1534 e perdurou até 1822. No Brasil, foi aplicado, também, com o objetivo de povoar o extenso território brasileiro. Desse modo, todas as capitanias hereditárias foram divididas em porções menores, as sesmarias. A primeira divisão sesmarial, no Brasil, ocorreu com o capitão donatário, Martin Afonso de Souza, autorizada pelo Alvará de Castro Verde em 1530.

Em 1850, a Lei nº 601, de 18 de setembro de 1850, conhecida como a "Lei de Terras", dispôs acerca de terras devolutas no Brasil Imperial e dispôs sobre terras que possuíam o título de sesmarias ou qualquer outra concessão governamental sem atender aos ditames legais, o que, na prática, acabou considerando como devolutas terras que, na verdade, eram ocupadas tradicionalmente pelos indígenas.

Em seu art. 3º, considerava como devolutas as terras que não tivessem sido aplicadas a uso público nacional, provincial ou municipal; as que não estiveram sob domínio particular de qualquer título legítimo nem sob a condição de sesmarias ou qualquer outra concessão governamental geral ou provincial por desatender a critérios legais; as que não estiveram ocupadas por posse que forem legitimadas mesmo sem título legal. Para tal Lei, as terras ocupadas pelos povos indígenas não deveriam ser consideradas terras devolutas em razão do direito originário sobre estas.

A Associação Nacional dos Procuradores da República (2021) salienta que o direito originário é um direito que foi reconhecido, que precede à criação do Estado e de qualquer ato normativo ou administrativo para o reconhecer. É considerado congênito, ou que se legitima por si.

Assim, tem-se que, durante o período do Brasil colônia, havia normas que reconheciam direitos indígenas à terra, embora não fossem sempre respeitadas nem tão eficazes.

Com a outorga da Constituição Imperial do Brasil, em 1824, não houve menção normativa a tal direito.

Em 1891, a primeira Constituição Republicana se manteve omissa quanto aos indígenas e suas terras. Mas, as Constituições de 1934, 1937 e 1946 reconheceram a posse das terras ocupadas pelos indígenas a estes. Já, as Constituições de 1967 e 1969, além de reconhecerem esse direito, também lhes garantiu o direito ao usufruto com exclusividade de recursos naturais e das demais utilidades advindas dessas terras.

Apesar de sua omissão, observa-se que o art. 83, da Constituição de 1891 dispõe sobre a continuidade da vigência de leis que não houvessem sido revogadas nem apresentassem contrariedade expressa ao recém-implantado sistema republicano e, em sendo pertinente à temática ora abordada, cita-se como mantida em vigor, assim, a já citada Lei Imperial nº 601, de 1850, que reservava as terras devolutas para áreas de colonização e de aldeamento, além de versar sobre o instituto do usufruto e sobre sua alienabilidade.

Após algum tempo de republicanismo brasileiro, o Serviço de Proteção aos Índios e Localização de Trabalhadores Nacionais (SPILTN) foi instituído pelo Decreto nº 8.072, de 20 de junho de 1910 e suas missões essenciais estavam ligadas à assistência aos indígenas no território brasileiro e à instituição dos centros agrícolas, com o auxílio dos trabalhadores nacionais, para incentivar o processo produtivo nacional (arts. 2º e 22).

A Constituição de 1934 é a primeira a atribuir as questões indígenas ao governo federal. A exemplo, o art. 5º, XIX, "m", que determina como competência privativa da União legislar sobre a incorporação dos indígenas à comunidade nacional. Em seu art. 129, garante, ainda, a posse aos indígenas das terras em que estivessem localizados bem como sua inalienabilidade.

Já, na Constituição de 1937, seu art. 154 certificou a posse permanente das terras ocupadas pelos indígenas a eles e, também, vedou a alienação.

De seu lado, a Constituição de 1946 foi mais um exemplo do prosseguimento da cultura assimilacionista ao colocar como uma das competências da União a legislação sobre a incorporação dos indígenas à comunhão nacional. Além disso, confirmou o respeito à posse das terras em que os indígenas estivessem localizados, e lhes vedou a transferência (arts. 5º, XV, "r" e 216).

Em seu turno, a Constituição de 1967 em seu Título V, Das Disposições Gerais e Transitórias, no art. 186, manteve a posse permanente das terras que os indígenas ocupassem a eles e reconheceu o direito ao usufruto exclusivo de recursos naturais e das utilidades que nelas existissem. Essas terras eram consideradas bens da União a quem cabia legislar sobre sua incorporação à comunidade nacional (arts. 4º, IV e 8º, XVII, "o", respectivamente).

Durante o regime ditatorial brasileiro (1964-1985), foi editada a Emenda Constitucional nº 1 pela Junta Militar que foi considerada como a Constituição de 1969. Fez referência à inalienabilidade das terras habitadas pelos indígenas, à garantia de sua posse permanente e ao usufruto de todas as riquezas naturais e a utilidades existentes nelas (art. 198). Ainda declarou nulos os efeitos jurídicos que tinham por objeto constituir domínio, posse e ocupação das terras ocupadas e habitadas pelos indígenas, vedando que seus ocupantes ajuizassem ação ou requeressem qualquer indenização em face da União ou da FUNAI. Essas terras continuavam sendo bens da União a quem competia legislar sobre a integração indígena à comunhão nacional (arts. 4º, IV e 8º, XVII, "o", respectivamente).

Com o tempo, as atividades do SPILTN começaram a fugir do seu escopo de proteção indígena e o órgão foi substituído pelo Serviço de Proteção ao Índio (SPI) em 1918 que, por sua vez, em 1967, também, foi substituído pela Fundação Nacional do Índio (FUNAI), denominada, atualmente, de Fundação Nacional dos Povos Indígenas.

O Código Civil de 1916, em seu art. 6º, III (Lei nº 3.071, de 1º de janeiro de 1916), considerou os indígenas como relativamente incapazes, submetendo-os à tutela, que cessaria quando se integrassem à comunidade social não-indígena, num verdadeiro patrocínio à política assimilacionista e aplicava-lhes a terminologia de silvícola, a qual já não se faz mais aplicação na legislação brasileira.

Até então, todos os normativos brasileiros se referiam aos indígenas como silvícolas ou índios. Porém, descontinuou-se sua aplicação e uso por serem vocábulos usados erroneamente já que silvícolas remete a quem viva ou nasça nas selvas como explica Hungria (1958).

Já o termo índios se mostra com uso igualmente inadequado por remeter a quem seja da Índia que, conforme dados históricos, seria o real destino das embarcações portuguesas como explicado por Souza e Apontes (2020).

O termo mais adequado é o utilizado, atualmente, de povos indígenas porque é o mais abrangente, não soa de forma pejorativa e engloba os diferentes grupos espalhados pelo mundo que habitavam originariamente as terras antes da chegada de povos do estrangeiro com diversas etnias, culturas, idiomas, dentre outros fatores.

Em 1961, surge o Parque Nacional do Xingu, como símbolo da primeira área com fins de preservar a autodeterminação dos povos indígenas, marcando um grande passo na adoção da visão não-assimilacionista.

A autodeterminação, em sentido amplo, é um princípio de Direito Internacional ligado à independência, à liberdade e ao direito de auto-organização dos povos com a escolha de seus sistemas de governo e de suas organizações socioeconômicas.

Durante os governos ditatoriais, no Brasil, foram adotadas algumas medidas relacionas aos indígenas, como a substituição do Serviço de Proteção ao Índio (SPI) pela Fundação Nacional do Índio (FUNAI) em 1967, embora a maioria delas não se voltasse à manutenção da sua forma de vida, cultura e costumes. Nesse período, as terras indígenas saem da administração dos Estados e passam a serem administradas pela União. Ademais, recebem o usufruto exclusivo de recursos naturais de suas terras.

Em 1973, a Lei nº 6.001/1973 criou o Estatuto do Índio, vigente até hoje, mas não totalmente recepcionado pela Constituição Federal de 1988, em especial, por seu objeto ser o integracionismo indígena à comunhão nacional e por utilizar as expressões em desuso como silvícolas. Apesar disso, é um instrumento normativo sem revogação expressa e, por isso, deverá ser interpretado conforme a atual ordem constitucional de 1988, isto é, vigentes estão as disposições que não tenham caráter integracionista ou o objetivo de assimilação cultural do indígena.

No final dos anos 80, com a queda dos governos ditatoriais implementados por militares, esse plano integracionista foi contestado porque os processos de redemocratização dos países latino-americanos visavam ao pluriculturalismo e à sociedade multiétnica.

A CRFB mudou os padrões até, então, enraizados, ao abandonar o assimilacionismo e reconhecer como originários os direitos dos povos indígenas às terras que ocupavam, sendo feitas mais considerações a seu respeito em tópico específico do presente trabalho.

Mesmo assim, em âmbito interno, houve evolução normativa, houve mudanças na maneira de ver os indígenas, houve reconhecimento de seus direitos bem como houve mudanças na maneira pela qual as Constituições Brasileiras lhe concederam ou não amparo jurídico assim como se percebe que o cenário internacional contribuiu para tal.

Partindo da análise do plano internacional, destaca-se a Declaração Universal dos Direitos Humanos de 1948 que, mesmo que não tenha expressamente abordado acerca dos direitos indígenas, traça alguns princípios universais como o da igualdade e o da não discriminação, também aplicáveis às populações indígenas.

Em termos convencionais, destaca-se a Convenção nº 107 da Organização Internacional do Trabalho (OIT), de 1957, tendo sido um dos primeiros instrumentos internacionais a dispor sobre proteção e integração de populações indígenas e tribais e, foi através do Decreto nº 58.824/1966, que se internalizou no Brasil. Entretanto, recebeu fortes críticas por suas ideias assimilacionistas e por incentivar o aculturamento indígena em prol da cultura dominante, além de perseguir uma utilidade para os indígenas através de fornecimento de mão-de-obra. Seu objetivo, em linhas gerais, era formular normas de trabalho em âmbito internacional, visando proteger e defender os povos indígenas nas relações laborais.

Instituída em 1989, a Convenção nº 169 da OIT substitui a Convenção nº 107, ao trazer mais inclusão, abrangendo os povos indígenas e tribais.

Tal Convenção traz algumas modificações, tais como disposições acerca da autodeterminação, do direito à consulta prévia aos referidos povos, além de considerar a cultura e o território destes. A visão de que ser indígena era algo transitório, superável, passa a ser rechaçada, porque ser indígena passa a ser visto como uma identidade cultural e a cultura indígena passa ser considerada e protegida como qualquer outra.

Internalizada pelo Brasil através do Decreto Legislativo nº 143, de 20 de junho de 2002, entrando em vigor apenas em 2003. A própria Convenção elenca quais os critérios que estabelecerão a quem é aplicada, a saber: possuir algumas condições diversas dos demais membros da sociedade, relativas aos critérios econômicos, sociais e culturais; participar de uma organização social com regras e com tradições próprias; e, a consciência de uma identidade que se reconheça como pertencente a um grupo social coletivo ou tribal.

Pondera-se que foram escolhidos e trazidos à baila alguns instrumentos de proteção de direitos indígenas nas searas interna e internacional por serem pioneiros e/ou de extrema relevância para o reconhecimento desses direitos, mas, que tendem a serem ampliados em decorrência da mudança da mentalidade global, principalmente, pela primazia por uma sociedade pluricultural e pluriétnica como tanto se tem sustentado na CRFB.

É claro que todo esse burburinho traria forte influência ao Brasil que buscou se adequar à ordem internacional de direitos humanos, com a inclusão de direitos aos indígenas e com o fortalecimento de outros sobre os quais se passa a discorrer agora.

A VIRADA DOS DIREITOS DOS INDÍGENAS A PARTIR DE 1988

Para facilitar a compreensão, apresenta-se o conceito legal de indígena, no Brasil, constante no art. 3º, I, do Estatuto do Índio, para o qual são os indivíduos com ascendência ou origem pré-colombiana que se identificam com um determinado grupo étnico com características culturais diferentes daquelas do restante da comunidade nacional.

Feito isso, passa-se à atual Constituição da República Federativa do Brasil (CRFB/88), promulgada em 1988 e conhecida como "Constituição Cidadã", por meio da qual restou garantida a aplicação dos direitos e garantias fundamentais aos indígenas (arts. 231-232 e outros ao longo do texto constitucional). Nela, foi reconhecida a cultura, tradição e costumes dos indígenas e superados alguns conceitos, a exemplo do conceito de índios integrados, abandonadas algumas terminologias vistas como discriminatórias ou pejorativas, como a de silvícolas, assegurados mais direitos e trouxe políticas mais voltadas aos indígenas, rompendo com a concepção de unicidade cultural brasileira num país com multiplicidade étnico-cultural.

Como verdadeiro divisor jurídico, a partir de 1988, os indígenas passaram a ser considerados como possuidores de uma cultura própria, com as peculiaridades e as diferenças entre si e deixaram de ser meras categorias transitórias e fadadas à extinção.

O postulado da autodeterminação dos povos indígenas, ou da livre determinação torna os indígenas indivíduos com direitos e deveres, tais como, direito à identidade, à cultura, dentre outros (art. 4º, III, da CRFB/88).

O próprio Estatuto do Índio (1973) tem perspectiva integracionista que logo se aclara em seu art. 1º que delibera acerca de seu propósito de preservação da cultura indígena e de sua pretensão de integração de forma progressiva e harmoniosa à comunhão nacional e, para isso, elenca até os 03 (três) níveis de integração, a saber: índios não integrados, índios em processo de integração e índios integrados. Ressalta-se que eram considerados civilmente capazes os índios integrados e aqueles não integrados eram tutelados pela União através da FUNAI.

Cabe citar que a CRFB/88 reconheceu expressamente alguns direitos indígenas e lhes assegurou igualdade e proteção, com um capítulo específico para tal, o Capítulo VII - Dos Índios, do Título VIII - Da Ordem Social (arts. 231-232), com o consequente afastamento da então adotada visão assimilacionista, posto que foi garantido aos indígenas o direito à diferença, direitos permanentes e coletivos e o reconhecimento da capacidade processual dos indígenas.

A atuação determinante para todas essas inovações se deve, principalmente, à União das Nações Indígenas (UNI), criada em 1979, com fins de unificação das reivindicações das comunidades indígenas, fortalecendo a aliança com movimentos de apoio da sociedade, com destaque para a campanha "Povos Indígenas na Constituinte", com extrema influência na elaboração do capítulo supracitado.

Essa campanha simbolizou a reunião de etnias indígenas diferentes na tentativa de convencer o Congresso Nacional a observar os temas e direitos indígenas para aprová-los para que integrassem o texto constitucional.

Até, então, houve o asseguramento de direitos aos indígenas, mas de forma tímida e até individualista, como cidadãos.

Todavia, com o art. 4º, III, da CRFB/88, ficou instituída a autodeterminação dos povos, incluindo os povos originários, corroborada pela Convenção nº

169, da OIT, que, internalizada pelo Decreto nº 5.051/2004, assegura que esses povos decidam seus destinos, tenham suas culturas, utilizem suas línguas e seus costumes e vivam da forma tradicional que quiserem em âmbito brasileiro.

Traz como uma das atribuições do Ministério Público Federal (MPF) garantir os direitos indígenas e intervir nos processos judiciais de seu interesse (arts. 129, V e 232).

Para exercer essas funções institucionais, o MPF tem ajuizado ações civis públicas, participado de eventos e acompanhado casos acerca desses direitos que estejam em tramitação em cortes internacionais.

Em sua subdivisão em câmaras temáticas, a 6ª Câmara de Coordenação e Revisão, é a competente em questões que envolvam os povos indígenas e as comunidades tradicionais.

Determinou, ainda, que a competência para o julgamento de disputas sobre direitos indígenas passe a ser da Justiça Federal (art. 109, XI).

À União, coube a competência de criar normas relativas a práticas e a políticas na seara dos direitos e das garantias dos indígenas (art. 22, XIV).

Quanto às terras tradicionalmente ocupadas pelos indígenas, passaram a ser consideradas bens da União (art. 20, XI), sendo atribuído ao Congresso Nacional a competência exclusiva para autorizar, nas terras indígenas, a exploração e o aproveitamento dos recursos hídricos e de pesquisa e de lavra das riquezas minerais (art. 49. XVI).

Adotou o princípio de reconhecimento de direitos originários sobre as terras tradicionalmente ocupadas pelos indígenas e o da proteção de sua posse permanente com o usufruto exclusivo de recursos e riquezas para os indígenas que estejam em suas terras.

Cabe lembrar que a forma como os indígenas veem a terra é distinta das demais culturas porque para eles tem sentido coletivo para prover sua subsistência, fornecendo-lhes o básico que é água e alimentos.

Assegurou o uso de suas línguas maternas e a utilização de seus próprios processos de aprendizagem educacional, além da expressa proteção a suas manifestações culturais (arts. 210, § 2º e 215, § 1º).

Como exemplos de novos direitos indígenas estão os relativos à obrigatoriedade de consulta prévia a estes em quaisquer medidas administrativas ou propostas legislativas que abranjam seus direitos ou interesses.

O direito de participação em órgãos de representação política foi assegurado aos indígenas, dando-lhes a oportunidade de contribuir ativamente em processos deliberativos, decisórios ou resolutivos brasileiros.

Houve a previsão de políticas diferenciadas nos setores da saúde e da educação indígenas, com o respeito a suas especificidades culturais, as quais serão brevemente comentadas em tópico específico.

Referente à proteção ao meio ambiente, foi considerada a contribuição indígena pela sua sabedoria ancestral na preservação das terras e dos recursos naturais.

Já em seu art. 67, no Ato das Disposições Constitucionais e Transitórias (ADCT), dispõe acerca de terras indígenas ao elencar acerca da competência da União na demarcação das terras ocupadas pelos indígenas, que ainda não estiverem demarcadas e conceder-lhe um prazo de 05 (cinco) anos para tal, tendo a promulgação da própria Constituição como início deste.

Em 2002, entrou em vigor um novo Código Civil (Lei nº 10.406, de 10 de janeiro de 2002), que buscou maior compatibilidade com o texto constitucional ao deixar de considerar os indígenas como relativamente incapazes e ao dispor que a sua capacidade civil seria regida por uma legislação especial (art. 4º, parágrafo único), que seria, no caso, o já vigente Estatuto do Índio. Todavia, o documento em questão estipula como capazes apenas os índios integrados, fato que evidencia uma clara discriminação baseada meramente numa diferença cultural que nada se assemelha à limitação de capacidade jurídica, como se já não bastasse considerar o indígena relativamente incapaz somente por ter nascido indígena, o que mais uma vez conflitua com os preceitos constitucionais.

No plano internacional, em 2007, houve a aprovação pela Assembleia Geral, da Resolução 61/295, que adotou a Declaração das Nações Unidas sobre os Direitos dos Povos Indígenas. Ao longo de seus 46 (quarenta e seis) artigos, elenca alguns objetivos e garantias, tais como o direito à autodeterminação, o direito de não sofrer os processos ou políticas de assimilação ou de integração forçada, o direito de não ter sua cultura destruída, o direito a terra ou a territórios, individual ou coletivamente bem como de não serem molestados nesses locais. Piovesan (2021) enfatiza que essa Declaração disciplinou mais direitos do que a Convenção nº 169, tais como a preservação à identidade cultural e que consagrou a liberdade dos indígenas a viverem da forma que desejassem, sendo responsáveis pela escolha de seu próprio destino, em cumprimento ao direito de autodeterminação destes.

Os avanços progressivos, embora, num timbre mais silencioso têm sido significativos na balança de interesses locais versus globais. As discussões sobre os direitos dos povos indígenas têm evoluído internamente e tem sido pauta contínua na agenda da comunidade internacional, motivo pelo qual serão mencionados adiante as principais iniciativas e instrumentos do tema.

PROSPECÇÕES DOS DIREITOS DOS INDÍGENAS A PARTIR DO CONTEXTO INTERNACIONAL

Dentre as atividades das organizações internacionais de direitos humanos, dar-se-á ênfase àquelas que protegem os direitos dos povos indígenas. Esforços conjuntos entre os Estados e a comunidade internacional têm sido realizados para tornar essa proteção mais eficaz.

O processo descolonizatório e o aumento da consciência de que os direitos humanos devem valer para todos, trouxe discussões temáticas, em especial, na Subcomissão para a prevenção da discriminação e proteção das minorias na ONU a partir de 1971. Um grupo de trabalho sobre populações indígenas se encarregou da elaboração de um Projeto de Declaração sobre os Direitos dos Povos Indígenas com fins de combater a discriminação e proteger as minorias

Como resultado das atividades do Grupo ora mencionado, a Declaração das Nações Unidas sobre Direitos dos Povos Indígenas foi aprovada pela Assembleia Geral da ONU, em 2007, em Nova Iorque, após muitos anos de reivindicações dos povos indígenas ao redor do mundo. Tal documento trouxe algumas concretizações às demandas das populações indígenas, elegendo padrões mínimos para equilíbrio das relações entre os indígenas e os Estados, traçando que princípios gerais de direitos humanos devem ser assegurados aos indígenas, além de relevantes princípios como o da igualdade, da não discriminação e da autodeterminação, por exemplo, além de princípios específicos.

O que mais dificultou a aprovação dessa Declaração foram as divergências entre os representantes indígenas e os representantes dos governos, tendo os indígenas escolhido negociar por mais tempo a ceder em suas reivindicações. Em sendo aprovada, surgia a questão de implementar os direitos indígenas em diferentes Estados, propondo realização de tratados, de acordos e de políticas que solucionem ou minimizem as questões que mais os afetam.

Já em seu art. 26, aborda sobre o direito à terra, sustentando que os indígenas detêm tal direito, compondo-se pela terra, território ou recursos que possuam e ocupem tradicionalmente ou que de outra maneira possam ter adquirido, conservando o controle destes, sendo responsabilidade estatal reconhecer e dar-lhes proteção jurídica, tais como, no Brasil, o direito de desintrusão nas terras indígenas e o direito de permanência dos indígenas na terra que originariamente ocupem durante todo o processo de demarcação.

A maior colaboração da Declaração foi, indubitavelmente, dar voz e vez a quem não era considerado nem como sujeito de direitos mínimos há pouco tempo, colocando, teoricamente, os indígenas como protagonistas e em pé de igualdade nas discussões diante de organizações internacionais. A partir de sua aprovação, as demandas indígenas ficam mais evidentes.

A Declaração estabelece que os Estados devem reconhecer e respeitar o pluriculturalismo e a multiplicidade de línguas dos povos indígenas com abordagem no art. 209, da CRFB/88. Já o inciso IX, versa sobre o reconhecimento da personalidade dos povos indígenas, bem como acerca do respeito de sua forma de organização e sobre a promoção dos direitos amparados na referida Declaração, com referência nos arts. 231 e 232, da CRFB/88. Em relação à formação da família indígena, foi-lhes assegurada a manutenção dos seus sistemas familiares, dos tipos de união matrimoniais, de filiações, de descendências e de nomes familiares e o direito de a criança indígena dispor de sua cultura, de sua religião e de sua língua no art. XVII, compatíveis com as legislações nacionais internas como o Estatuto do Índio em seu art. 6º e o Estatuto da Criança e do Adolescente (ECA). Relativo ao art. XXVI, é garantido aos povos indígenas, em isolamento voluntário ou em contato inicial, o direito de escolherem permanecer dessa maneira se assim o desejarem e de viver e agir conforme sua cultura, cabendo aos Estados a adoção das políticas e das medidas necessárias para o reconhecimento, o respeito e a proteção das suas terras, dos seus territórios, do meio ambiente e das suas culturas.

O ano de 1993 foi proclamado como Ano Internacional das Populações Indígenas e iniciaram-se incipientes discussões para criação de um fórum temático permanente. Mas, somente em 2002, iniciaram as primeiras sessões do Fórum Permanente da ONU para Assuntos Indígenas.

Concluídos os principais pontos relativos ao tema junto à ONU, parte-se à análise geral da consolidação de direitos indígenas na OIT.

OIT é uma organização que apresentou, pioneiramente, interesse pelas questões laborais e pela qualidade de vida dos indígenas, posto terem sido obrigados a desenvolverem trabalhos forçados durante anos conforme dados históricos-documentais. Portanto, em 1957, primariamente, foi adotada a Convenção nº 107 sobre Populações Indígenas e Tribais.

Posteriormente, a Convenção foi revista por ter uma visão contraditória já que defendia o integracionismo e utilizava terminologias já superadas.

Assim sendo, foi substituída pela Convenção nº 169 sobre Povos Indígenas e Tribais em Países Independentes, aprovada pela Conferência Internacional do Trabalho em 1989 e internalizado pelo Brasil em 2002, através do Decreto Legislativo nº 143/2002.

A base da Convenção 169 é a consulta aos indígenas antes da adoção de qualquer medida que os envolva ou possa afetá-los em suas vidas ou territórios.

Faz-se necessário, contudo, explanar que as instituições ligadas aos direitos dos indígenas e às comunidades local e internacional estejam atentas para evitar eventuais inobservâncias na sua aplicação para que os povos indígenas sejam realmente consultados e suas colocações sejam levadas em consideração para não configurar uma consulta meramente protocolar.

A seguir, dentre os direitos indígenas, será mais detalhado o direito à terra dos indígenas por ser o ponto principal deste trabalho.

O DIREITO À TERRA

Em 1948, no pós-Segunda Guerra, nascia a Declaração Universal dos Direitos Humanos, importante documento da ONU, que admitiu que direitos humanos e liberdades fundamentais devem ser usufruídos por todas as pessoas e passou a influenciar positivamente a formalização de tratados e a criação de legislações pelo mundo.

Mas, as duas categorias de direitos as quais versava, direitos civis e políticos e direitos econômicos, sociais e culturais, necessitavam de consolidação que foram introduzidas através do Pacto Internacional dos Direitos Civis e Políticos e do Pacto Internacional dos Direitos Econômicos, Sociais e Culturais. Por ser pertinente ao tópico desta pesquisa, dar-se-á ênfase à primeira dessas categorias.

O Pacto Internacional dos Direitos Civis e Políticos (PIDCP) foi elaborado em 1966 e ratificado pelo Brasil em 1992. Trata-se de um tratado internacional com amparo a direitos humanos básicos civis e políticos como a vida, a dignidade humana, a igualdade, a liberdade de expressão, reunião e associação, a liberdade religiosa e privacidade, a liberdade de tortura, maus-tratos e detenção arbitrária e a direitos das minorias.

A América Latina fez sua parte ao aprovar a Declaração Americana dos Direitos e Deveres do Homem Universal, em 1948, além de fundar a Organização dos Estados Americanos (OEA), para promoção da paz, da segurança, da democracia e dos direitos humanos no continente americano. E, em 1969, São José da Costa Rica sediou a Conferência Especializada Interamericana sobre Direitos Humanos na qual foi redigida a Convenção Americana de Direitos Humanos (CADH), conhecida como Pacto de San José da Costa Rica, com enfoque nos direitos humanos civis e políticos e internalizada no Brasil pelo Decreto nº 678/1992, momento a partir do qual se submete a esse sistema regional e aos julgamentos da Corte Interamericana de Direitos Humanos (Corte IDH), já tendo sido, inclusive, processado e julgado pelas violações àquilo que se comprometeu em proteger.

Para que os compromissos estatais assumidos pelos Estados-membros com a referida Convenção fossem cumpridos, além da Corte IDH, foi criada a Comissão Interamericana de Direitos Humanos (CIDH).

Na proteção regional merece menção, por fim, o Sistema Africano dos Direitos do Homem e dos Povos criado em 1998 no continente africano, como resultado da Carta Africana dos Direitos do Homem e dos Povos (Carta de Banjul).

A Carta Africana dos Direitos Humanos e dos Povos foi criada na Assembleia da Organização da Unidade Africana (OUA) em Nairobi, no Quênia, em 1981. Sua relevância está em proteger os direitos de todos os povos e não somente direitos individualizados, como autodeterminação, indo além das previsões já consolidadas pelos sistemas interamericano e europeu, posto se ater às peculiaridades históricas e políticas de seu continente ao amparar direitos humanos de grupos sociais. Reconhece direitos como o de propriedade e o de exploração dos recursos naturais em consonância com os interesses dos povos e dentro de sua perspectiva coletivista.

Mesmo recebendo algumas críticas, tais como deixar de mencionar expressamente alguns direitos, é um importante instrumento desse novo sistema.

Tal sistema é composto pelo Tribunal Africano dos Direitos Humanos e dos Povos (TADHP) e pela Comissão Africana dos Direitos Humanos e dos Povos (CADHP).

A importância deste sistema se destaca em aspectos, tais como, a estruturação legal e administrativa para a defesa de direitos humanos; ser um complemento a mecanismos já instituídos pelas Nações Unidas, mas, que observa as singularidade e as realidades africanas para aplicá-los; ser a base para a adoção de um Estado de Direito porque influencia os Estados-membros a adotarem legislação e política que respeitem os direitos humanos, fato que gera segurança jurídica e estabilidade social e política; e, ter por foco grupos minoritários ou vulneráveis, como mulheres e crianças.

Em consulta ao texto da referida Carta, observa-se que se primou pela erradicação de quaisquer formas de discriminação em um verdadeiro reflexo da fase de descolonização e pela diversidade cultural. Para o presente trabalho, o interesse se concentra no Direito dos Povos, previsto nos arts. 19º ao 24º.

Essa menção a direito dos povos está atrelada aos anseios pela independência, autonomia e autodeterminação africanas com a disposição dos seus recursos livremente, além da evidente visão coletivista de direitos humanos, não mencionada expressamente nos sistemas interamericano e europeu com suas visões mais individualizadas, através de direitos civis e políticos.

Mesmo sendo um sistema novo, já tem exercido influência na comunidade internacional, observados os devidos regionalismos, razão pela qual se passa a uma análise mais regionalista do tema a seguir.

DIREITO À TERRA E A QUESTÃO INDÍGENA

O foco deste capítulo será destacar a importância do direito à terra para os indígenas, uma vez que suas terras tradicionais são intimamente ligadas à sua identidade cultural, modo de vida e subsistência. Assim, passa-se, em súmula, aos principais instrumentos internacionais e nacionais que reconhecem e preservam o direito à terra.

O DIREITO À TERRA

Em 1948, no pós-Segunda Guerra, nascia a Declaração Universal dos Direitos Humanos, importante documento da ONU, que admitiu que direitos humanos e liberdades fundamentais devem ser usufruídos por todas as pessoas e passou a influenciar positivamente a formalização de tratados e a criação de legislações pelo mundo.

Mas, as duas categorias de direitos as quais versava, direitos civis e políticos e direitos econômicos, sociais e culturais, necessitavam de consolidação que foram introduzidas através do Pacto Internacional dos Direitos Civis e Políticos e do Pacto Internacional dos Direitos Econômicos, Sociais e Culturais. Por ser pertinente ao tópico desta pesquisa, dar-se-á ênfase à primeira dessas categorias.

O Pacto Internacional dos Direitos Civis e Políticos (PIDCP) foi elaborado em 1966 e ratificado pelo Brasil em 1992. Trata-se de um tratado internacional com amparo a direitos humanos básicos civis e políticos como a vida, a dignidade humana, a igualdade, a liberdade de expressão, reunião e associação, a liberdade religiosa e privacidade, a liberdade de tortura, maus-tratos e detenção arbitrária e a direitos das minorias.

A América Latina fez sua parte ao aprovar a Declaração Americana dos Direitos e Deveres do Homem Universal, em 1948, além de fundar a Organização dos Estados Americanos (OEA), para promoção da paz, da segurança, da democracia e dos direitos humanos no continente americano. E, em 1969, São José da Costa Rica sediou a Conferência Especializada Interamericana sobre Direitos Humanos na qual foi redigida a Convenção Americana de Direitos Humanos (CADH), conhecida como Pacto de San José da Costa Rica, com enfoque nos direitos humanos civis e políticos e internalizada no Brasil pelo Decreto nº 678/1992, momento a partir do qual se submete a esse sistema regional e aos julgamentos da Corte Interamericana de Direitos Humanos (Corte IDH), já tendo sido, inclusive, processado e julgado pelas violações àquilo que se comprometeu em proteger.

Para que os compromissos estatais assumidos pelos Estados-membros com a referida Convenção fossem cumpridos, além da Corte IDH, foi criada a Comissão Interamericana de Direitos Humanos (CIDH).

Na proteção regional merece menção, por fim, o Sistema Africano dos Direitos do Homem e dos Povos criado em 1998 no continente africano, como resultado da Carta Africana dos Direitos do Homem e dos Povos (Carta de Banjul).

A Carta Africana dos Direitos Humanos e dos Povos foi criada na Assembleia da Organização da Unidade Africana (OUA) em Nairobi, no Quênia, em 1981. Sua relevância está em proteger os direitos de todos os povos e não somente direitos individualizados, como autodeterminação, indo além das previsões já consolidadas pelos sistemas interamericano e europeu, posto se ater às peculiaridades históricas e políticas de seu continente ao amparar direitos humanos de grupos sociais. Reconhece direitos como o de propriedade e o de exploração dos recursos naturais em consonância com os interesses dos povos e dentro de sua perspectiva coletivista.

Mesmo recebendo algumas críticas, tais como deixar de mencionar expressamente alguns direitos, é um importante instrumento desse novo sistema.

Tal sistema é composto pelo Tribunal Africano dos Direitos Humanos e dos Povos (TADHP) e pela Comissão Africana dos Direitos Humanos e dos Povos (CADHP).

A importância deste sistema se destaca em aspectos, tais como, a estruturação legal e administrativa para a defesa de direitos humanos; ser um complemento a mecanismos já instituídos pelas Nações Unidas, mas, que observa as singularidade e as realidades africanas para aplicá-los; ser a base para a adoção de um Estado de Direito porque influencia os Estados-membros a adotarem legislação e política que respeitem os direitos humanos, fato que gera segurança jurídica e estabilidade social e política; e, ter por foco grupos minoritários ou vulneráveis, como mulheres e crianças.

Em consulta ao texto da referida Carta, observa-se que se primou pela erradicação de quaisquer formas de discriminação em um verdadeiro reflexo da fase de descolonização e pela diversidade cultural. Para o presente trabalho, o interesse se concentra no Direito dos Povos, previsto nos arts. 19º ao 24º.

Essa menção a direito dos povos está atrelada aos anseios pela independência, autonomia e autodeterminação africanas com a disposição dos seus recursos livremente, além da evidente visão coletivista de direitos humanos, não mencionada expressamente nos sistemas interamericano e europeu com suas visões mais individualizadas, através de direitos civis e políticos.

Mesmo sendo um sistema novo, já tem exercido influência na comunidade internacional, observados os devidos regionalismos, razão pela qual se passa a uma análise mais regionalista do tema a seguir.

A QUESTÃO DA TERRA NO BRASIL (E NA AMÉRICA)

Questões relativas a terras são temas recorrentes nos países que passaram por processos colonizatórios como o Brasil e outros países da América Latina, onde os povos originários enfrentam problemas relativos à demarcação de terras, à exploração de recursos naturais e a direitos territoriais.

Na América Latina, a colonização europeia acarretou desde o início a desapropriação de terras indígenas, seus deslocamentos e posteriores conflitos, até mesmo autorizados pela Corte com as mais diversas justificativas. Os indígenas tinham de ceder espaço para o avanço colonial, para o progresso da Coroa, para a exploração de recursos naturais, para a expansão agrícola, para a pecuária e, posteriormente, para o progresso e a integração do país com as aberturas de estradas e com a implantação de usinas hidrelétricas, resultando em grave violação de seus direitos que resultaram em mortes, deslocamentos, etnocídio e genocídio.

Etnocídio é um termo que se refere às formas de eliminação de identidade étnico-cultural de um grupo ou povo com a adoção de algumas medidas e/ou proibição de elementos que tragam algum elo entre os indivíduos para que se reconheçam como pertencentes a uma comunidade como conclui Palmquist (2018).

De acordo, outrossim, com a citada antropóloga, o genocídio visa à eliminação física e intencional de indivíduos de um grupo ou povo com formas ativas como provocar-lhes a morte ou passivas como a negativa de auxílio em caso de doenças.

A forma histórica de acesso à terra está ligada, portanto, a aspectos políticos e econômicos como se deu com a distribuição de terras no sistema sesmarial, por exemplo e, por ser um mecanismo de produção e um meio de riqueza de difícil acesso, acarretou concentração de terras nas mãos de poucos, gerando conflitos e muita desigualdade.

Além disso, existia a prática ilegal muito antiga chamada de grilagem que recebe esse nome porque o grileiro forçava o envelhecimento de documentos de posse de terras para falsificá-los, ao colocá-los em uma caixa cheia de grilos para que agissem sobre esses papéis que adquiriam o aspecto de envelhecidos ao passar certo tempo. Seu alvo são terras públicas sem algum uso pelos entes públicos e áreas protegidas como as terras indígenas. Os grileiros se utilizam da violência para expulsar os moradores dessas áreas (povos indígenas, quilombolas, ribeirinhos). Passam ao desmatamento, dão alguma utilidade à terra como para o pasto, regularizam da maneira que conseguem, vendem as terras e continuam a invadir outras.

A definição de terras indígenas (TIs) é trazida pela CRFB, em seu art. 231, § 1º, como sendo as terras tradicionalmente ocupadas e habitadas pelos indígenas em caráter permanente, as utilizadas para atividades produtivas, para preservação dos recursos ambientais em prol de seu bem-estar e as utilizadas para sua reprodução física e cultural, conforme seus usos, seus costumes e suas tradições. Não são de sua propriedade, pois conforme o art. 20, XI, constituem bens da União, cabendo-lhes sua posse permanente e seu usufruto com exclusividade às comunidades indígenas ocupantes.

A sua demarcação compete à União e se trata de um ato meramente declaratório, que objetiva delimitar a terra para o efetivo exercício de seu direito.

O ADCT, no art. 67, determina que a União tem prazo de 05 (cinco) anos, contados da promulgação da CRFB/88, para demarcar essas terras sempre que verificasse que sua ocupação se enquadrava na definição retro citada de terra indígena, a União deveria proceder ao seu reconhecimento e fazer a demarcação até 05/10/1993. O Brasil deixou de cumprir esse prazo integralmente, passando a violar, portanto, um direito assegurado constitucionalmente aos indígenas.

O instituto de posse à terra dos indígenas difere daqueles tradicionalmente civilistas, não obedecendo, portanto, a nenhum regramento de direitos reais do Código Civil brasileiro nem de proteção possessória do Código de Processo

Civil brasileiro, por terem sido reconhecidos como institutos constitucionais de posse e usufruto tradicionais pelo STF no Caso Raposa Serra do Sol.

Problemas de reconhecimento a terra aos povos ancestrais são observados em outros países na América Latina, exemplificado, nesse momento pelo Caso Comunidade Indígena Sawoyaxa X Paraguai, levado à julgamento pela Corte IDH pelas violações ao território, à vida, à personalidade jurídica, entre outras, enfrentadas por seus membros que se viram obrigados a se deslocar para um assentamento localizado à beira de uma estrada e passavam por uma situação de enorme vulnerabilidade pela extrema pobreza e pela falta de acesso a serviços básicos que lhes garantisse o mínimo para uma existência digna. A citada Corte ratificou o direito coletivo à terra à tal comunidade, que a terra era base para sua sobrevivência, cultura, costumes e vida, que estariam protegidos pelo artigo 21 da CADH e responsabilizou o Paraguai por sua omissão às condições nas quais viviam os Sawoyaxa. Embora o referido dispositivo não mencione expressamente sobre TI, a Corte IDH se utilizou da interpretação extensiva da concepção de propriedade.

Se for feita uma observação quanto aos aspectos colonizatórios, a questão da reforma agrária e a natureza que as propriedades territoriais adquiriram, o período colonial pode ser visto como a estrutura inicial fundiária nos países da América Latina.

Houve a expropriação das terras dos povos originários e a implantação de sistemas de exploração das terras e recursos naturais que traçaram o padrão fundiário para criar as grandes propriedades nas mãos de poucos, as monoculturas e as consequentes desigualdades sociais.

A América Latina tem avançado pouco na demarcação e na declaração do direito à terra aos povos indígenas e às demais comunidades tradicionais. Mas, o mero fato de ser feita a demarcação não afasta a possibilidade de invasões nem de conflitos fundiários.

Tal qual o Brasil, muitos dos outros países latino-americanos já instituíram algum marco legal para reconhecer direitos à terra. No entanto, falta-lhes o desejo de implementar tais direitos.

A insatisfação indígena atravessou várias fases desde a revolta, a resistência bélica e a luta, até a organização unificada e autônoma das etnias, para escapar da tutela estatal e clériga, nos movimentos Indígenas que serão melhor abordados à frente.

As comunidades indígenas, também, têm batido às portas do judiciário para ter seus direitos assegurados eficazmente.

Os avanços relativos ao direito à terra dos indígenas na América Latina têm se mostrado bem evidenciados porque se saiu da negatividade desse direito para o reconhecimento dele, inclusive, tendo a maior parte dos países atribuído-lhes a natureza constitucional. A sua complementação pela edição de regulamentos, leis e decretos consegue já possibilitar que os indígenas tenham um fundamento legal para requererem a titulação ou a declaração de seu direito territorial.

Comparativamente, passa-se, agora, à América do Norte para a citação rápida da interessante Decisão da Suprema Corte Americana que julgou o Caso Tee-Hit-Ton X EUA que pode ser compreendida pelo diferente processo migratório e colonizatório norte-americano.

Segundo o Professor norte-americano Henderson (2023), Tee-Hit-Ton é uma tribo indígena que habitava originalmente o Alasca. Seu território pertenceu, inicialmente à Rússia e, posteriormente, aos Estados Unidos após ser vendido em 1867.

O governo americano determina que a região seja considerada reserva florestal e, com o tempo, a área habitada por essa tribo enfrentou ordens governamentais de cortes de árvores e a exploração de seus recursos naturais concedida pelo governo a particulares, momento em que passa a contestar que as árvores eram de sua propriedade.

Fundamentaram sua reivindicação na ocupação originária da região com base no Édito do Czar russo Alexandre I, que limitou a posse russa às terras originalmente habitadas pelas tribos e limitou as interações sem consentimento com pessoas alheias à tribo.

A lei de criação do Alasca (1884) determinava que não deveria haver perturbação às terras que estivessem sendo usadas, ocupadas ou reivindicadas pelos indígenas.

Mesmo assim, a Decisão proferida pela Suprema Corte americana desconsiderou o direito à terra com base na ancestralidade e considerou somente a soberania americana.

Para a lei americana, o direito à terra é assegurado pela lei, não é obrigação ou imposição legal que leve em conta natureza nem quaisquer circunstâncias da terra como o mero fato de ter sido habitada por povos originários.

Rejeitada, portanto, a Teoria do Indigenato, que será mais especificada em outro momento desta pesquisa, pela Suprema Corte Americana por considerar que se houver o reconhecimento deste direito originário, incentivaria muitas demandas que poderiam comprometer a soberania do país.

Após essas breves ponderações e, tendo em vista a delimitação territorial e jurídica da presente pesquisa, caminha-se para uma rápida abordagem sobre os direitos indígenas em território brasileiro.

OS DIREITOS DOS INDÍGENAS À TERRA NO BRASIL

A história brasileira dos povos indígenas mostra que eles não eram vistos como titulares de direitos, tendo sido adotada a visão assimilacionista para que se inserissem na cultura dos povos estrangeiros e adquirissem civilidade, pois eram vistos como selvagens, inferiores e aculturados, cuja existência era temporal; em conjunto, tiveram direitos básicos preteridos e, por fim, mesmo já sendo detentores de direitos, não os têm assegurados eficazmente.

Intentando facilitar a integração dos indígenas à comunhão nacional e, até mesmo autorizando a adoção de atitudes beligerantes em situações conflituosas quando não cooperassem para a expansão econômica e o avanço territorial no período colonial, os indígenas foram esbulhados, deslocados, dizimados, forçados a trabalhar, obrigados a pagar dízimos, coagidos a serem catequisados e suas tradições, cultura, costumes e bem-estar foram desconsiderados ao longo do tempo em seu campo individual e principalmente coletivo.

De todos os direitos, o direito à terra pelos indígenas tem um significado diferente daquele empregado pelas demais culturas, porque não podem ser simplesmente deslocados de uma área geográfica para outra, já que sua relação com os territórios originários é profunda e está ligada à ancestralidade, à tradição, à saúde e à própria vida. O seu bem-estar está atrelado à terra onde vivem porque é vista como um prolongamento de seus corpos e vidas. É parte integrante de sua identidade coletiva e individual.

As primeiras legislações a abordarem os direitos indígenas foram as Cartas Régias no Brasil Colonial já relatadas no primeiro capítulo. Apresentavam dispositivos acerca dos seus direitos à terra e ao de locomoção e acreditavam que o fato de não terem educação, civilidade e cultura dificultavam a compreensão das leis. A posse da terra foi um reconhecimento da Coroa Portuguesa para os indígenas, por terem sido os primeiros a habitarem e a ocuparem o território brasileiro.

Através do Diretório dos Índios, de 1755, houve a regulamentação do trabalho indígena e a divulgação da possibilidade de convivência harmônica entre colonizadores, jesuítas e indígenas. E, embora condenasse a discriminação, a escravidão e o isolamento dos indígenas, estes não possuíam os privilégios e os direitos dos colonos, ficando, então, numa categoria diferente ou inferior. A derradeira norma desse período foi a Lei Pombalina que trouxe muitas reformas em âmbito político, econômico e social. Infere-se que havia regulamentação, mas sem efetividade, portanto.

A Constituição de 1891 foi omissa quanto à menção do direito à terra. Já a Carta de 1934 normatizou que as terras indígenas eram patrimônio da União, mas, a ausência de legislação específica não cessou os conflitos nem as violações em face dos indígenas.

O surgimento de movimentos indígenas junto a organismos internacionais clamando por mudanças e por mais comprometimentos com questões indígenas influenciaram na criação do Estatuto do Índio, em 1973, uma compilação que regulou as relações entre Estado, sociedade e indígenas no Brasil. Seguiu o mesmo princípio civilista em vigor, a incapacidade relativa dos indígenas e colocou como seu tutor um órgão governamental, além de ter adotado a mesma política da integração à sociedade civil.

A maioria das constituições republicanas adotaram a teoria do Indigenato, criada por João Mendes Junior, que defende a posse permanente da terra aos seus ocupantes originários e que o direito indígena à terra tem natureza inata, congênita, antecedente ao próprio Estado bem como a qualquer modalidade de direito, sendo de responsabilidade estatal a demarcação de suas terras e a declaração de seus limites territoriais, dispensando, portanto, a legitimação. Esta foi a teoria, adotada, inclusive, pela CRFB/88.

Em contraposição a esta tese, como se poderá confirmar em tópico específico desse trabalho, há a Tese do Marco Temporal que defende, resumidamente, que os indígenas têm direito restrito às terras que ocupavam na data da promulgação da CRFB/88.

O art. 231, da CRFB/88, dispõe que o direito indígena à terra é natural, inalienável, indisponível, imprescritível e que suas limitações territoriais devem ser observadas por todos. Enumera os elementos necessários que um território deva ter para ser considerado terra indígena (TI), a saber: tradicionalidade, ocupação permanente do território, utilização deste para atividades produtivas, manutenção de seus usos, costumes e tradições e preservação de recursos naturais que conservem seu bem-estar.

Quanto à tradicionalidade, vincula-se a aspectos ligados aos modos, ou seja, local onde os indígenas praticam seus usos e costumes e não ao fator tempo, assim como a permanência se liga ao fator histórico.

Esse território deve ser usado para manter seus usos, costumes e tradições para lhes garantir que seja repassada a outras gerações para preservação e repetição de sua cultura.

O uso do território para produção se trata das atividades indígenas para o usufruto exclusivo que lhes permite retirar frutos, utilidade e qualquer rendimento possível e, mesmo que exercidas comercialmente, observam a sustentabilidade e a preservação dos recursos naturais (art. 232, § 2º, CRFB/88).

Embora haja discursos favoráveis e inovações constitucionais, o direito à demarcação de terras aos indígenas segue sem ter sido aplicado integralmente, tendo o Brasil até a presente data deixado de cumprir o prazo constitucional de 05 (cinco) anos, pois há muitas terras por serem demarcadas, há a burocracia estatal, sem deixar de mencionar que são em TI que se encontram muitas riquezas naturais, o que desperta interesses de mineradores e madeireiros, além de gerar divergências político-legislativas aos que defendem a expansão do agronegócio.

Assim, serão abordadas, a seguir, sobre as ações e as medidas essenciais propostas e já efetivadas referentes a direitos indígenas no Brasil.

AS AÇÕES GOVERNAMENTAIS E O DIREITO À TERRA DOS INDÍGENAS

Neste capítulo, explorar-se-ão as ações governamentais implementadas através das diversas políticas públicas e as iniciativas governamentais brasileiras que abrangeram diretamente os indígenas, com ênfase àquelas ligadas à garantia das terras indígenas. Haverá uma breve análise de como essas ações governamentais impactaram os direitos territoriais das comunidades indígenas e serão examinados, ainda, os principais desafios e progressos nesse contexto. Também será feita uma breve discussão acerca das políticas de demarcação de terras, das responsabilidades das agências e dos órgãos governamentais na proteção dos direitos indígenas, do impacto da atuação de organismos internacionais bem como de organizações não-governamentais para uma melhor compreensão do panorama atual das relações entre o governo brasileiro e as comunidades indígenas no que diz respeito ao direito à terra.

CONSTRUÇÃO DE POLÍTICAS PÚBLICAS VOLTADAS AOS INDÍGENAS

Cabe dizer, de início, que há diferenças entre política indígena e política indigenista, pois, na política indígena, os indígenas atuam ativamente como agentes políticos e, na política indigenista, eles são o foco ou o objeto das ações político-governamentais segundo o Museu do Índio.

A história brasileira está repleta de exemplos de políticas indigenistas, embora, muitas não lhes foram favoráveis nem criadas em prol de seu benefício ao se pautarem, em especial, na legitimidade de suas terras e na possibilidade da exploração de sua mão-de-obra conforme as rápidas menções sobre política indigenista feitas pelo referido Museu.

Dessa forma, passa-se à menção de algumas das principais políticas indigenistas nas fases do Brasil Colônia, Império e República.

O papel da Igreja Católica nos primeiros anos após a chegada dos portugueses ao território brasileiro (1549-1554) foi importante porque as missões jesuíticas buscavam de certa forma evitar a escravização indígena. Embora tenham sido os percussores dos instrumentos educativos brasileiros, também pregavam a socialização indígena, através da educação e da catequese compulsória, desrespeitando a autodeterminação indígena conforme relatos feitos pelos próprios jesuítas nas citadas cartas. Não conseguiram afastar, eficazmente, os indígenas do trabalho compulsório e da escravização justificada pelas guerras justas através das medidas protetivas de 1570 e 1609.

Conforme o Instituto Brasileiro de Geografia e Estatística (IBGE), em 1686, a mão-de-obra indígena nos Estados do Grão-Pará e Maranhão foi regulamentada, sendo que, até então, as normas versavam acerca do trabalho indígena compulsório.

Essa era uma das muitas regiões brasileiras em que houve exploração indígena, com a utilização de um sistema no qual os indígenas deveriam trabalhar em certas atividades para receber a proteção da coroa portuguesa e uma educação religiosa. Foi uma forma de controle sobre os indígenas da área para a utilização de sua força de trabalho, atendendo aos anseios portugueses de obtenção dos recursos naturais e de expansão territorial e agrícola.

Mas, a proibição de qualquer hipótese de escravidão indígena se dá apenas em 1755, ano da criação do Diretório dos Índios e das principais medidas para fomentar a integração do indígena à sociedade civil. Nessa etapa do período colonial, havia medidas prejudiciais aos indígenas como o trabalho forçado e a implementação do Diretório dos Índios acarretou algumas mudanças, tais como a forma de administrar o trabalho indígena e como se dariam as relações entre estes e os colonos.

Já, em 1845, o Regulamento das Missões reafirmou o assimilacionismo por meio do Decreto nº 426, de 24 de julho de 1845 como disposto no art. 1º, § 7º, pelo qual havia autorização aos missionários para atuar junto aos indígenas que vivessem em hordas errantes para lhes pregar a religião católica e a vida social, em mais uma medida que atenta contra a sua autodeterminação, ou seja, corrobora com a integração indígena à sociedade colonial, com a imposição da conversão religiosa e a utilização dos costumes sociais europeus, mas, com certas limitações já que os indígenas deveriam ajudar mesmo nas atividades agrícolas e em algumas atividades comerciais, sem serem considerados como sujeitos de direitos e deveres.

Mesmo após a criação do Serviço de Proteção aos Índios (SPI), em 1910, o Estado continuou como o tutor dos indígenas, estando ainda sem a capacidade absoluta, com a posterior corroboração do Código Civil de 1916.

Como substituto do SPI, é instituída a FUNAI, em 1967, a qual será abordada mais detidamente em tópico subsequente.

O ineditismo na mudança de ideologia na política indigenista brasileira se escancara na criação do Parque Nacional do Xingu, em 1961, pelo então Presidente Jânio da Silva Quadros.

Este parque, chamado atualmente de Parque Indígena do Xingu (PIX), tem por objetivo a manutenção da forma de vida indígena e a preservação sociocultural do território indígena num período de maiores preocupações com a biodiversidade e com as constantes ameaças e perigos enfrentados pelas comunidades indígenas pelos avanços madeireiro e mineral.

A causa indígena e a biodiversidade são questões fortemente interligadas pelo próprio modo de vida dos indígenas em escolherem viver em equilíbrio com o meio ambiente, ao desenvolver meios sustentáveis de subsistência e contribuir para a preservação ambiental.

Suas práticas ancestrais de conservação e de uso sustentável de recursos naturais, evidencia o cuidado com os ecossistemas para garantia de seu bem-estar e de sua sobrevivência.

Considerada a primeira terra indígena a ser demarcada pelo governo federal brasileiro, o projeto nasceu pelos antropólogos, indigenistas e sertanistas como os irmãos Villas-Bôas, Darcy Ribeiro e o Marechal Rondon.

Segundo o Instituto Socioambiental, ONG fundada em 1994, o parque concentra mais de 02 (dois) milhões de hectares, numa área de transição entre o cerrado e a região amazônica e abriga 16 (dezesseis) etnias, com diversificados idiomas.

A sua área territorial foi criada muito aquém daquilo que lhe fora previsto e houve uma forte contraposição do Estado do Mato Grosso, pois o governador, à época, realizava a distribuição de terras a seu bel-prazer, inclusive as terras indígenas. Hoje, o território ainda se mantém conservado em virtude das áreas protegidas, mas sofre forte pressão de invasores e de agricultores, responsáveis por atividades ilegais e pelo agronegócio, respectivamente. Segundo informações do Origens Brasil, nessa região, estão os municípios amazônicos com maiores taxas de desmatamento dos últimos anos.

Com a criação da FUNAI e com o advento do Estatuto do Índio, essa região se converte em Parque Indígena do Xingu, tendo a conservação das diversidades cultural e ambiental ratificadas como objetivos. Por ora, tendo em vista a FUNAI bem como o Estatuto do Índio serem trabalhados em outras passagens especificas, menciona-se, em síntese, seus importantes papeis como entidade e como diretriz normativa para a defesa e a proteção dos direitos indígenas. Destaca-se, por exemplo, o disposto no art. 28, do referido Estatuto, segundo o qual o território do Xingu se torna uma área reservada sob a posse dos indígenas, que promove a integração, a assistência direta e exclusiva dos órgãos da União e a preservação do meio ambiente, devendo seus gestores respeitarem a liberdade, os usos, os costumes e as tradições indígenas.

O que mais trouxe visibilidade e favorecimento às questões indígenas foram temas ligados à sustentabilidade e à preservação do meio ambiente, tendo em vista que as áreas que mais estão preservadas hoje estão sob os cuidados de comunidades indígenas, fruto de seu modo de vida sustentável e da utilização consciente dos recursos naturais. O PIX é um grande exemplo dos benefícios que a proteção das terras indígenas traz à comunidade geral, não somente às comunidades indígenas, por contribuir para a biodiversidade e por protegerem essas áreas de eventuais ameaças que possam desequilibrar o meio ambiente.

Por isso, tem sido observado cada vez mais o conhecimento indígena e respeitada a relação indígena com o meio ambiente. Isso pode ser confirmado nas citadas consultas públicas às comunidades indígenas, na atuação direta destas e nas iniciativas conjuntas entre organismos governamentais e entidades de proteção ambiental com as mesmas.

As políticas públicas brasileiras têm se utilizado dessas novas perspectivas em medidas administrativas e governamentais, motivo pelo qual serão abordadas a partir de agora.

As políticas indigenistas brasileiras adotadas têm se pautado cada vez mais no indigenismo que se trata, em apertada síntese, de uma ideologia abraçada por algum órgão governamental e, mais amplamente, por alguma organização da sociedade civil que atue junto aos indígenas na busca de conhecer e auxiliar suas comunidades e, através do estudo e da valorização da sua cultura, poderem ter uma atuação mais estratégica na defesa de seus direitos perante os órgãos públicos e políticos.

O indigenismo foi preconizado no I Congresso Indigenista Interamericano, realizado em 1940 em Patzcuaro, no México. Propôs algumas práticas e medidas para serem executadas de forma direta ou pela adoção de políticas indigenistas pelos governos do continente americano conforme pondera Longo (2020).

Entre as resoluções deste Congresso, destaca-se a aprovação da data de 19 de abril como a escolhida para celebrar anualmente o Dia do Índio, na qual seriam dadas atenção às contribuições indígenas em âmbito cultural e socioambiental bem como à relevância de manter seus costumes, idiomas e etnias.

A mencionada data celebrativa de 19 de abril foi internalizada no Brasil através do Decreto-Lei nº 5.540, de 02 de junho de 1943. Entretanto, a Lei nº 14.402, de 08 de julho de 2022 dispõe que a denominação Dia do Índio passe a ser oficialmente chamada de Dia dos Povos Indígenas, trazendo a ideia de inclusão e reconhecimento da diversidade étnica dos povos indígenas.

Embora a política indígena não esteja vinculada à política indigenista, percebe-se que o movimento liderado pelos próprios indígenas e pelas organizações criadas ou vinculadas a eles a partir dos anos 70, acabou influenciando não só a implementação quanto a execução de ações governamentais voltadas às suas questões mais sensíveis como nos casos em que a pressão indígena acabou forçando a demarcação de suas terras de forma administrativa ou em âmbito judicial e com sua participação em órgãos de saúde pública conforme será tratado adiante.

Somando forças em várias frentes, estão as organizações e as pessoas não-indígenas, tais como as organizações religiosas em seus projetos missionários e as Organizações Não-Governamentais (ONGs) em suas ações solidárias.

Diversos atores no cenário nacional, incluindo as organizações religiosas em suas missões religiosas e as Organizações Não-Governamentais (ONGs) em seus projetos solidários têm se unido em parcerias e colaborações em diversas frentes de apoio às comunidades indígenas em prol de seu bem-estar, da proteção de seus direitos e da assistência em áreas como a da educação e da saúde, por exemplo.

Em consulta a documentos oficiais, a normativos brasileiros e a relatórios de organizações indigenistas como o Instituto Socioambiental (ISA), observa-se que a política indigenista brasileira tem por foco atual preservar a cultura indígena com a consequente garantia do seu direito à terra e com a adoção de medidas de caráter educacional e sanitário, razão pela qual será dado enfoque a tais deliberações a seguir.

No setor educacional, foram criadas cotas para o ingresso de indígenas nas instituições federais de ensino superior e nas instituições federais de ensino técnico de nível médio pela Lei nº 12.711, de 29 de agosto de 2012, conhecida como Lei de Cotas, segundo a qual, tais instituições devem assegurar 50% (cinquenta por cento) de suas vagas aqueles que se autodeclarem nas cotas de pretos, pardos, indígenas (PPI) e pessoas com deficiência (arts. 3º, caput e 5º, caput). No caso dos indígenas, a lei considera cota racial e devem ser submetidos a uma banca de heteroidentificação ou a uma comissão especializada formada por essas instituições para análise, comprovação e validação de sua autodeclaração.

Ainda no plano de inclusão social e de ampliação da diversidade étnico-cultural, foi publicada a Medida Provisória nº 1.181, de 18 de julho de 2023, pelo governo federal, que estabelece cotas de 10 a 30% (dez a trinta por cento) de eventuais vagas em concursos públicos da FUNAI a indígenas, além de trazer exceções nas contratações temporárias deste órgão e prever que seja concedida uma pontuação diferenciada a candidatos que comprovem experiência em atividades desenvolvidas nos territórios indígenas (arts. 7º e 9º, parágrafo único).

No campo dessas exceções, não se exige que a FUNAI obedeça ao prazo de 24 (vinte e quatro) meses do encerramento de um contrato anterior para uma nova contratação temporária como é exigido para os demais entes públicos conforme previsto no art. 9º, III, da Lei nº 8.745, de 09 de dezembro de 1993, sendo-lhe exigido somente que o contrato esteja em vigor na data de publicação desta MP e que a nova contratação seja através de processo seletivo simplificado.

Na seara administrativa, o Conselho Nacional de Justiça (CNJ), através da Portaria nº 223, de 23 de julho de 2022, criou um grupo de trabalho para realizar estudos acerca da regulamentação de cotas a indígenas para provimento de cargos efetivos no judiciário brasileiro e de ingresso na magistratura brasileira. Corrobora, portanto, com os princípios e medidas adotados pelo CNJ em sua Resolução nº 454, de 22 de abril de 2022 que, em suma, visa garantir o direito de acesso ao Judiciário aos indígenas.

O Relator do Ato Normativo nº 0007920-83.2022.2.00.0000 no CNJ, Sidney Pessoa Madruga da Silva, informa que dos 18.168 (dezoito mil cento e sessenta e oito) magistrados brasileiros, apenas 11 (onze) deles se autodeclararam indígenas e, do quantitativo de servidores efetivos do Judiciário, somente 0,1% se autodeclararam indígenas.

Após debates, reuniões e consultas públicas, este Ato propõe que, no mínimo, 3% (três por cento) das vagas em concursos públicos para cargos efetivos do quadro do Judiciário brasileiro e para ingresso na magistratura brasileira seja reservado a indígenas, facultando aos Tribunais que o majorem de forma justificada e em observância às peculiaridades locais.

Por seu turno, em ação conjunta, o Tribunal de Justiça do Amazonas, a Escola Superior da Magistratura do Amazonas, o Supremo Tribunal Federal (STF) e o CNJ, com o apoio da Fundação Biblioteca Nacional e da Academia da Língua Nheengatu, lançam a primeira edição traduzida da Constituição Federal brasileira para a língua indígena Nheengatu, durante uma cerimônia da Federação das Organizações Indígenas do Rio Negro (FOIRN), em 19/07/2023, em São Miguel da Cachoeira, no Amazonas, em promoção aos direitos indígenas na Década Internacional das Línguas Indígenas (2022 a 2032) da ONU e em cumprimento ao Objetivo de Desenvolvimento Sustentável (ODS) nº 16 da Agenda 2030.

Esse projeto tem por finalidades principais desenvolver uma sociedade inclusiva, transformar as instituições em ambientes mais responsáveis e participativos, garantir o acesso à informação e propiciar o acesso à justiça a todos.

O Nheengatu é também chamado de Língua Geral Amazônica (LGA). É uma língua indígena de tronco Tupi, do Tupi-Guarani, surgida do contato entre línguas indígenas e a portuguesa na Amazônia durante a colonização, dando origem a uma língua própria que, assim como o Português, tem variantes regionais conforme Cabral et al (2014). Segundo o censo de 2010, realizado pelo Instituto Brasileiro de Geografia e Estatística (IBGE), era a 9ª língua indígena em número de falantes no Brasil.

Mesmo assim, a língua corre o risco de extinção e vem contando com a tecnologia para sua continuidade e aprendizado, sendo objeto de estudos e de projetos do grupo de pesquisa Computação e Linguagem Natural (Complin) conforme a Universidade Federal do Ceará (UFCE). Desde 2019, o pesquisador brasileiro Leonel Figueiredo de Alencar Araripe tem se dedicado a possibilitar que esta língua possa ser traduzida automaticamente por meio de recursos computacionais.

Assim, em 2020, de acordo com a UFCE, o Brasil criou o primeiro tradutor automático em língua indígena, o GrammYEP, com a capacidade de tradução do Nheengatu para o Português e de realizar o processo inverso. Em parceira com uma cientista finlandesa de computação, Inari Listenmaa, junto com o Centro de Direito Computacional da Universidade de Singapura, a pretensão é ampliar para mais línguas.

Relativamente às políticas referentes à saúde, cabe falar que a Lei nº 8.080, de 19 de setembro de 1990, criou o Subsistema de Atenção à Saúde Indígena (SasiSUS) para coordenar ações e serviços de saúde individual e coletiva dos indígenas.

Os recursos do SasiSUS são financiados pela União e cabe ao SUS realizar o seu encadeamento com os órgãos ligados à Política Indígena brasileira.

Conforme tal Lei, as políticas públicas de saúde indígena devem se atentarem à sua realidade local e peculiaridades culturais bem como a fatores como a saúde, o saneamento básico, a nutrição, a habitação, o meio ambiente, a demarcação de terras, a educação sanitária e a integração institucional.

Segundo o Ministério da Saúde, compete à Secretaria de Saúde Indígena (SESAI) conduzir e exercer a Política Nacional de Atenção à Saúde dos Povos Indígenas e o SasiSUS.

Um percentual de 52% (cinquenta e dois por cento) de seus 22 (vinte e dois) mil profissionais são indígenas para que haja ações mais específicas, participativas e diferenciadas aos povos indígenas segundo o Ministério da Saúde.

Para garantir melhor atendimento às demandas de saúde primária, secundária e terciária indígenas, foi criado o Distrito Sanitário Especial

Indígena (DSEI), que é a menor unidade gestora no sistema descentralizado do SasiSUS, ao qual competem ações e medidas voltadas à saúde indígena conforme dados da estrutura do Ministério da Saúde.

Conforme dados do Ministério da Saúde, são 34 (trinta e quatro) DSEIs, subdivididos territorialmente, sem vinculação à limitação geográfica dos Estados ou dos Municípios, tendo por base apenas a localização das comunidades indígenas.

Os DSEIs são compostos por unidades básicas de saúde, por polos bases e pela Casa de Saúde Indígena (CASAI).

Em atendimento ao artigo 2º, da Convenção nº 169 da OIT, o art. 19-H, da lei ora em comento, garante o direito de participação das populações indígenas em organismos colegiados de saúde pública, como nos Conselhos Nacional, Estaduais e Municipais de Saúde.

O que se nota é que se as políticas indigenistas antes se limitavam à escolha e criação exclusiva estatal, hoje, já contam com a participação dos indígenas e de membros da sociedade que se interessam e se preocupam com suas causas.

O advento da proteção internacional dos direitos humanos, o protagonismo indígena em avanço, a mudança de visão política sobre o indígena como ser individual e como integrante de uma comunidade, o indigenismo, a previsão constitucional de seus direitos, as leis especiais que regulamentam melhor seus direitos, entre outros fatores, foram responsáveis pelo refutamento da concepção de os indígenas terem como destino certo a extinção e, que, por isso, seria mais acertado aos governos criarem políticas que os integrassem à comunidade nacional conforme pesquisa dos principais dados históricos e políticos brasileiros relativos aos indígenas realizados neste trabalho. Em contrapartida, o que se verifica, em termos contemporâneos, é o fato de os indígenas cravar seu espaço, a partir de um aumento demográfico indígena e dos membros da sociedade civil e ONGs que reforçam a luta pelos direitos indígenas.

Todavia, as políticas públicas brasileiras sobre indígenas ainda enfrentam dificuldades para sua efetividade.

Fatores como as pressões de ordem econômica e política que conflitem interesses empresariais e indígenas; a exploração de recursos naturais das regiões em terras indígenas; as substituições dos titulares de cargos políticos que podem trazer mudanças em órgãos governamentais ligados aos direitos indígenas; a falta de conhecimento da cultura e dos costumes indígenas podem acarretar a criação de políticas que não lhes atenda às suas necessidades; a mera informação de sua participação em decisões e medidas que lhes tocar algum direito ou interesse sem sua oitiva ativa; a mudança de legislações locais que possam trazer retrocesso; a falta de interesse na aplicação de recursos governamentais ou mesmo a falta desses recursos, dentre outros, podem ser impeditivos da consolidação de políticas públicas eficazes.

Ademais, cabe ser dito que os próprios órgãos indigenistas governamentais sofreram muita intervenção externa, acabando por influenciar suas atividades. Tal perspectiva será trabalhada no próximo tópico, a partir da FUNAI.

FUNAI

A FUNAI foi criada pela Lei nº 5.371, de 5 de dezembro de 1967, para cuidar dos direitos dos povos indígenas. É, portanto, oficialmente, o órgão indigenista responsável pelas políticas indigenistas do governo.

Inicialmente, a FUNAI esteve vinculada ao Ministério do Interior, a quem competia a política desenvolvimentista no regime militar brasileiro.

Mais recentemente, esteve vinculada ao Ministério da Justiça e Segurança Pública e, a partir de janeiro de 2023, foi integrada ao inédito Ministério dos Povos Indígenas, presidido pela Ministra Sônia, indígena ativista da etnia Gajajara.

A escolha da referida ativista como dirigente dessa fundação já simboliza uma mudança administrativa, tendo em vista que, anteriormente, os cargos de chefia eram ocupados por militares e a política adotada era de corte de gastos direcionados a esta entidade.

A FUNAI tem a natureza jurídica de uma fundação pública, é sediada no Distrito Federal e tem abrangência nacional. Seu Estatuto, aprovado pelo Decreto nº 9.010, de 23 de março de 2017, não prevê data de extinção, tendo uma vigência, portanto, por prazo indeterminado e requer mudança legislativa para qualquer alteração em seu status ou em sua estrutura.

Para Di Pietro (2019), a fundação de direito público é uma entidade estatal que compõe a Administração Indireta, possui autonomia e funções específicas.

No art. 2º, II, "c", do referido Estatuto, consta como uma de suas finalidades garantir o direito originário, a inalienabilidade e a indisponibilidade das terras tradicionalmente ocupadas pelos indígenas bem como o usufruto exclusivo das riquezas que possam existir nelas.

Já, o art. 4º traz como uma de suas competências o estudo dessas terras para promover a identificação, a delimitação, a demarcação, a regularização fundiária e o seu registro. Autoriza, ainda, que, através de contratos ou convênios, outras entidades do setor público ou privado realizem as medições e as demarcações em caso de impossibilidade pela FUNAI.

No entanto, o processo demarcatório das TIs tem atravessado desafios significativos com entraves que vão além das invasões e conflitos fundiários, incluindo, por exemplo, as pressões políticas contrárias a essas demarcações e a falta de priorização governamental em dar continuidade a processos demarcatórios em andamento e de iniciar novos processos demarcatórios, ocorrida durante o mandato presidencial de Jair Messias Bolsonaro.

Referente à sua estrutura, é uma organização descentralizada, composta por órgãos colegiados, por órgãos de assistência direta e imediata ao seu Presidente, por órgãos seccionais, por órgãos específicos singulares, por órgãos descentralizados e pelo órgão científico-cultural.

Segundo seu organograma, é constituída por 03 (três) diretorias, por 39 (trinta e nove) coordenações regionais, por 240 (duzentos e quarenta) coordenações técnicas locais e por 11 (onze) coordenações de proteção etnoambiental e administra o Museu do Índio, localizado no Rio de Janeiro (RJ).

Dentro da estruturação desta entidade, há órgãos específicos singulares, tais como a Coordenação de Demarcação (Codem), conforme elencado pelo seu Regimento Interno, aprovado pela Portaria nº 666/PRES, de 17 de julho de 2017. A Codem, por sua vez, integra a Coordenação-Geral de Geoprocessamento (CGGeo). A mencionada divisão objetiva uma melhor gestão e execução de atividades ligadas aos procedimentos demarcatórios de TIs.

As atribuições do Codem, conforme o art. 178 de seu Regimento são: a participação no processo de identificação e delimitação de TIs; a coordenação, o controle e a fiscalização das suas atividades de georreferenciamento; o controle, o acompanhamento e a aprovação de informações cartográficas para reconhecer limites geográficos e a orientação em projeto básico de georreferenciamento nessas terras.

Por seu lado, o art. 165, elenca as competências da Diretoria de Proteção Territorial (DPT), outro dos órgãos específicos singulares, dentre as quais, aponta-se, exemplificativamente, a elaboração de estudos para identificar e delimitar TIs, a demarcação e a regularização fundiária das TIs e o monitoramento de terras indígenas já regularizadas e daquelas ocupadas por comunidades indígenas, incluídas as isoladas e as de recente contato.

Mesmo que uma de suas finalidades seja garantir a posse das terras habitadas pelos indígenas permanentemente e seu usufruto exclusivo de recursos naturais e de utilidades nelas existentes, já houve conflito de interesses entre os direitos indígenas e as ações governamentais, ligados a fatores econômicos e políticos do governo, como a política de integração nacional, exemplificada com a construção da Transamazônica, que percorreu muitas áreas indígenas, acarretando o deslocamento ou a realocação dos indígenas em nome do desenvolvimento.

A atribuição do processo de demarcação de terras indígenas à FUNAI tem previsão no art. 1º, do Decreto nº 1775, de 08 de janeiro de 1996.

Os últimos anos deste órgão foram marcados por tentativas de alterações de suas atribuições. A exemplo, cita-se a rejeitada Medida Provisória 870/2019 que atribuía a competência do processo de reconhecimento e de demarcação de TIs ao Ministério da Agricultura. Isso denota o quanto os objetivos podem destoar do verdadeiro escopo de garantir as terras aos indígenas, posto que se o Decreto supracitado repassou tal competência à FUNAI, deva-se entender que seja por possuir um quadro especializado de profissionais em temáticas indígenas, em ter maior conhecimento das questões ligadas à terra por se fazer presente em territórios indígenas, através das suas unidades e, em especial, pelo respaldo no texto constitucional e no Estatuto Indígena.

O Estatuto do Índio também enumera diretrizes de procedimento administrativo de demarcação de terras indígenas, mas com rito diferente do previsto no Decreto supracitado.

Esse trâmite administrativo inclui fases e subfases, inicia pela identificação, avança para a demarcação propriamente dita e finda com o registro fundiário na Secretaria do Patrimônio da União (SPU), vinculada ao Ministério da Economia. Envolve equipes multiprofissionais de áreas como de arqueologia, de antropologia, de história, dentre outras. É mantida a transparência e a ampla publicidade.

Os critérios para identificação e delimitação de TIs constam no Decreto supra bem como na Portaria nº 14/MJ, de 09 de janeiro de 1996.

A um grupo de técnicos especializados, preferencialmente integrantes da FUNAI, caberá os estudos e os levantamentos locais para viabilizar a identificação e delimitação dessas terras, sendo possibilitado à comunidade indígena envolvida a participação em todas essas fases.

Após pesquisas documentais em cartórios de registros de imóveis e em órgãos fundiários, é elaborado um relatório circunstanciado de identificação e delimitação (RCID).

Em sendo aprovado o relatório pela FUNAI, será publicado no prazo de 15 (quinze) dias de seu recebimento. É, então, aberto prazo de até 90 (noventa) dias após essa publicação para contraditório. A FUNAI encaminha o processo ao Ministério da Justiça até 60 (sessenta) dias após, que terá até 30 (trinta) dias para decidir declarando e determinando a demarcação da terra, determinando diligências para serem cumpridas em 90 (noventa) dias ou desaprovando a identificação. Na primeira hipótese, é expedida uma portaria declaratória dos limites físicos da terra, com a sua consequente demarcação. Em seguida, um decreto presidencial homologará o ato. Em até 30 (trinta) dias, a FUNAI deve fazer o registro imobiliário na comarca onde se localiza a terra e na SPU.

Segundo o Ministério Público Federal, a FUNAI costuma adotar algumas medidas de praxe como elaborar previamente estudo da qualificação da demanda e realizar novos estudos em casos de desaprovação do RCID.

Tendo em vista que o Ministério dos Povos Indígenas é recém-criado, crê-se que o fato de seu comando ter saído das mãos dos militares para uma ativista de etnia indígena, possa ser um alívio à FUNAI para que consiga manter suas atribuições precípuas e prosseguir com os trâmites de demarcações de TIs. Outro destaque a ser mencionado é a presidência da FUNAI ter sido, recentemente, concedida à indígena Joenia Wapichara, sendo a primeira indígena a assumir o cargo deste órgão federal desde sua criação.

Buscando efetivar e melhorar políticas públicas em prol dos indígenas, a FUNAI tem se empenhado em realizar parcerias junto com entidades públicas e organismos internacionais, através de projetos e acordos de cooperação técnica, além de ser considerada a relevância da atuação dos últimos no reconhecimento dos direitos indígenas e na consequente evolução da implantação de políticas públicas conforme enfoque dado a seguir.

O IMPACTO DOS ORGANISMOS INTERNACIONAIS FRENTE À ESTRUTURAÇÃO DE POLÍTICAS PÚBLICAS BRASILEIRAS

Os organismos internacionais têm influenciado as políticas públicas indigenistas do Brasil que têm promovido medidas e criado institutos para a inclusão e a proteção dos direitos dos indígenas assim como para manter a preservação e a exploração sustentável das terras indígenas e dos recursos naturais que lá sejam encontrados.

Organizações internacionais são entidades formadas por múltiplas nações com objetivos comuns de cooperação e de resolução de questões de interesse coletivo e alcances globais, tais como a paz e os direitos humanos.

A ONU é um exemplo proeminente deste tipo de organização. Responsável por traçar as linhas iniciais e universais de padrões mínimos de sobrevivência, dignidade e bem-estar dos indígenas. Trouxe instrumentos internacionais bem abrangentes sobre os direitos indígenas considerados coletivamente, como a autodeterminação e as terras tradicionalmente habitadas.

O apoio da ONU aos direitos humanos, ao desenvolvimento sustentável e às questões indígenas no Brasil podem ser exemplificados com as agências do Programa das Nações Unidas para o Desenvolvimento (PNUD) e do Alto Comissariado das Nações Unidas para os Direitos Humanos (ACNUDH), pelas quais trabalha juntamente com o governo brasileiro e a sociedade civil brasileira em políticas e em programas que visam à inclusão social e ao respeito aos direitos indígenas.

Pode ser, ainda, mencionado que o Comitê dos Direitos Econômicos, Sociais e Culturais das Nações Unidas avaliou, recentemente, o Brasil e propôs que houvesse maior agilização da demarcação territorial indígena e a efetiva defesa dos direitos indígenas e se posicionou contra a adoção do marco temporal.

Além das comunidades indígenas brasileiras, têm surgido também problemas de alocação e subsistência para os indígenas oriundos de regiões vizinhas ao Brasil, a exemplo, da Venezuela. Segundo dados do ACNUR (2023), Agência da ONU que ajuda pessoas refugiadas, estima-se que, no Brasil, tenham chegado mais de 08 (oito) mil indígenas venezuelanos de diferentes etnias até o final de 2022.

Por isso, tem sido desenvolvido um acompanhamento junto a esses refugiados para preservar sua cultura e suas particularidades.

Algumas das iniciativas do ACNUR para auxílio aos indígenas refugiados e migrantes no Brasil são: a oferta de abrigo adequado a suas principais necessidades, acompanhar diretamente aqueles que optam por viver fora desses abrigos, oferta de serviço de profissionais, tais como intérpretes e antropólogos para a manutenção e a compreensão dos diálogo com os refugiados, desenvolvimento de parceria com autoridades públicas brasileiras e com organizações privadas e o incentivo a atividades indígenas que garantam a sua autossuficiência.

Conforme debatido em tópico específico, foi através desses organismos internacionais e de instrumentos como a Convenção 169 da OIT (1989) e da Declaração dos Direitos dos Povos Indígenas (2007) que os direitos indígenas passaram a ser vistos com a natureza de direitos humanos.

A OIT é um outro exemplo de organização internacional. Trata-se de uma agência especializada no trato de normas trabalhistas e de relações trabalhistas.

Essa Convenção trouxe orientações basilares para a política trabalhista brasileira e para a proteção dos direitos coletivos indígenas, posto ter contribuído para afastar o assimilacionismo e o aculturamento indígena e reconhecer sua cultura e direitos. A exemplo, em âmbito interno, apontam-se medidas que permitem consultas e consentimentos prévios das comunidades indígenas que envolvam suas terras e recursos naturais que lá se encontrem.

Quanto à referida Declaração, houve a ampliação dos direitos individuais e o reconhecimento dos direitos indígenas coletivos, destacando-se, por exemplo, a importância da autodeterminação dos povos indígenas no respeito de sua tradição e de sua cultura no atendimento em organismos responsáveis pela saúde pública dos indígenas como ressaltado anteriormente.

Entretanto, nem sempre esses direitos conseguem ser assegurados eficazmente.

Partindo, agora, a casos ligados a violações aos direitos humanos dos indígenas no Brasil, com atuação de organismo internacional, apresenta-se, em rápidas linhas, o Caso Xucuru x Brasil. Trata-se de uma longa disputa sobre as terras indígenas Xucurus, em Pernambuco, entre a etnia Xucuru, fazendeiros, empresas rurais e o governo brasileiro.

Trata-se do oitavo caso brasileiro submetido à Corte IDH, sentenciado em 05 de fevereiro de 2018 (Caso nº 12.728). Em consulta ao referido julgado, a Regional Nordeste do Movimento Nacional de Direitos Humanos, o Gabinete da Assessoria Jurídica das Organizações Populares (GAJOP), o Conselho Indigenista Missionário (CIMI) e a Justiça Global estão como peticionários ou representantes e o Povo Indígena Xucuru está como vítima.

Os Xucurus reivindicaram, nos anos 80, a demarcação das terras que habitavam, que estavam sendo invadidas por fazendeiros locais e empresas, os quais se opuseram à demarcação e se negaram a deixar o local segundo Oliveira et al (2022).

A contenda se tornou judicial, marcada pelas tímidas demarcações de terras e pelas ações de violência contra os indígenas.

Parte das terras foram reconhecidas como dos Xucurus, judicialmente, em 2001, tendo as demarcações sido finalizadas em 2005, mas, a União não promoveu a saída dos invasores.

Em 2002, é peticionada uma denúncia à Comissão Interamericana de Direitos Humanos pelas violações dos direitos do povo indígena Xucuru como explanado por Pinheiro et al (2020). O Brasil apenas informou ao órgão, que estavam pendentes algumas ações internas, fundamentação que fora refutada e que culminou na consequente admissibilidade dessa petição em 2009.

A Comissão emitiu, então, em 2015, um informe prevendo que o Brasil seria considerado o responsável pelas violações denunciadas e emitiu, ainda, algumas recomendações.

Dentre as recomendações apresentadas pela Comissão ao Brasil, estão: adoção de medidas para desintrusão do território Xucuru; garantia de que os Xucurus deem continuidade ao seu modo tradicional de vida; adoção de medidas para conclusão das ações judiciais ajuizadas por não-indígenas pela disputa de áreas no território Xucuru com observância dos direitos indígenas;

reparação individual e coletiva das violações dos direitos enunciados; e, adoção de medidas que evitassem ocorrer fatos semelhantes no futuro para evitar os danos da mora estatal no reconhecimento e na demarcação da terra indígena e de sua efetiva desintrusão.

O Brasil deixou de cumprir recomendações relativas, principalmente, à desintrusão, fazendo com que a Comissão levasse o caso à Corte Interamericana de Direitos Humanos.

Em 2018, a Corte considerou que o Brasil violou os arts. 8.1, 21 e 25.1 da Convenção Americana correlacionados com os arts. 1.1 e 2.

A Corte Interamericana condenou o Brasil pelas violações de direitos relativos à garantia judicial de prazos razoáveis, à propriedade coletiva e à proteção judicial em 2018. Assim, foi condenado a publicar a sentença, a pagar custas e gastos judiciais, a garantir de imediato o direito de propriedade coletiva das terras aos Xucurus, a tomar medidas para a desintrusão desse território indígena e a indenizar as benfeitorias já realizadas.

Segundo o Conselho Nacional de Justiça (CNJ), o Brasil se encontra inadimplente em parte dos itens condenatórios da decisão da Corte IDH no Caso Xucuru x Brasil. Este órgão e o Tribunal Regional Federal da 5ª Região (TRF5) se mobilizarão para promover o cumprimento integral desta Decisão, sob a coordenação da Unidade de Monitoramento e Fiscalização de decisões e deliberações da Corte Interamericana de Direitos Humanos (UMF). O TRF5 se responsabilizou em criar em sua estrutura uma unidade semelhante à Corte IDH para isso.

Inicialmente, os debates sobre questões indígenas no Brasil tiveram origem nas missões religiosas e, posteriormente, continuaram com a atuação governamental em programas especiais ou políticas públicas indigenistas. No entanto, o reconhecimento da valorização da diversidade étnica e cultural por outros setores da sociedade, bem como a crescente compreensão de que os direitos indígenas devem ser observados por todos, levaram a um envolvimento mais amplo da sociedade civil. Esse reconhecimento atraiu a atenção de diversos setores da sociedade civil e estimulou a criação de organizações não governamentais (ONGs) dedicadas à promoção e à proteção dos direitos indígenas, assunto que será discutido a seguir.

A IMPORTÂNCIA DAS ORGANIZAÇÕES NÃO-GOVERNAMENTAIS (ONGS) VOLTADAS À DEFESA DOS DIREITOS INDÍGENAS

Para Di Pietro (2019), as ONGs integram o terceiro setor, que recebe este nome por estar desvinculado do poder público. Trata-se de uma entidade privada criada por membros da sociedade civil que não tenha fins lucrativos e que lute em prol de uma causa, com objetivos ligados aos interesses públicos ou sociais e que não visem o lucro.

No Brasil, a contestação das teses civilizatórias e assimilacionistas auxiliam, a partir de 1970, no surgimento de ONGs pró-indígenas.

O papel das ONGs tem sido tanto direto quanto indireto no apoio à comunidade indígena por estarem em campos ligados à conscientização, à mobilização, à atuação, à assistência jurídica e à assistência educacional, por exemplo.

Dessa maneira, serão citados alguns exemplos de ONGs que acolhem a defesa dos direitos indígenas.

Principiar-se-á pelo Instituto Socioambiental (ISA) que tem por objeto a proteção da diversidade étnico-cultural dos indígenas e defesa de seus direitos territoriais e socioculturais.

Exemplificativamente, o ISA auxilia os indígenas nas pesquisas e monitoramentos de ameaças a seus direitos; assiste na obtenção de documentos ligados a terras indígenas; auxilia na elaboração de projetos ligados à proteção

Ambiental; e, atua em prol das comunidades indígenas em processos administrativos e judiciais

Já o Conselho Indigenista Missionário (CIMI), vinculado à Conferência Nacional dos Bispos do Brasil (CNBB), além da defesa desse direito indígena à terra, atuam, também, no combate à violência e ao genocídio indígena. Oferece auxílio jurídico em processos administrativos e judiciais ligados aos direitos civis e humanos indígenas, além de realizar estudos e pesquisas para combater a violação desses direitos. Sua relevância está em conscientizar a comunidade em geral das questões enfrentadas pelos indígenas.

De seu turno, o Centro de Trabalho Indigenista (CTI) enfoca nas questões indígenas ligadas à terra, à autodeterminação, à saúde e à educação. Tem diferentes linhas de ação que vão desde o controle e gestão territorial e ambiental, com o monitoramento e apoio a atividades estatais de reconhecimento, de demarcação de terras indígenas e de promoção de alternativas de uso sustentável dos recursos naturais que existam nessas terras; na afirmação étnico-cultural com ações sociais e projetos que valorizam a cultura indígena, por exemplo.

A Rede de Cooperação Amazônica (RCA) tem como propósito a defesa do direito à terra e o desenvolvimento da produção sustentável e equilibrada. Responsável por projetos que apoiam o desenvolvimento sustentável, com uso de práticas que respeitam os recursos naturais e o modo tradicional indígena; apoio e capacitação às comunidades indígenas; promoção da conscientização das questões e direitos ambientais amazônicos.

Além dessas e de outras organizações de defesa dos direitos indígenas à terra, tem sido crucial a mobilização indígena em movimentos de conscientização e de defesa de seus direitos, em especial, o direito à terra. Nesse sentido, em análise ao contexto nacional da Constituinte de 1988, surge Ailton Krenak, como relevante exemplo do poder dos movimentos em prol dos direitos indígenas segundo Moreira (2022).

Na pauta de votação da Assembleia Nacional Constituinte, havia duas emendas sobre direitos indígenas, a saber: a Emenda 39, sob a defesa de instituições como o CIMI, que defendiam a sociedade como plurinacional; e, a Emenda 40, sob a defesa de instituições como a Associação Brasileira de Antropologia (ABA), que defendia a sociedade brasileira como pluriétnica e o direito à auto-organização indígena e à ocupação das terras tradicionalmente habitadas por eles. A última desagradou boa parte dos parlamentares e recebeu fortes críticas da mídia brasileira, ajudando a espalhar falsas teses de que os indígenas atrapalhavam o desenvolvimento e evolução brasileiros.

Krenak proferiu seu discurso histórico na Assembleia nesse cenário nacional. À medida que discursava, pintava seu rosto com tinta negra de jenipapo para protestar pelo retrocesso de direitos indígenas. Para sua etnia, a Krenak, o gesto simboliza o luto. A estratégia influenciou na aprovação do atual texto constitucional e representou uma vitória indígena.

Conforme a Academia Brasileira de Letras (ABL) (2023), Ailton Alves Lacerda Krenak, membro da etnia Krenak, é líder indígena, ambientalista, filósofo, pensador contemporâneo, escritor e o primeiro membro indígena da ABL.

Em sua biografia, consta, ainda, que fundou a ONG intitulada Núcleo de Cultura Indígena (NCI) em 1985 cuja principal missão é a promoção da cultura dos indígenas.

Foi um efetivo participante da União dos Povos Indígenas (UNI), organização criada em 1988 e da Aliança dos Povos da Floresta (1989), criada juntamente com outros indigenistas e com o famoso ambientalista Chico Mendes.

Uma de suas propostas é retornar à cosmologia ancestral indígena como uma hipótese que combata o esgotamento e colapso global.

Suas participações em ações sociais e em ações de defesa do modo de vida dos povos originários deram origem a conceitos práticos de filosofia, antropologia e economia, em perene reflexão sobre o passado e infindável cuidado na construção de um futuro mais equilibrado entre os elementos humanos e não-humanos (vegetação, vento, água, dentre outros).

Em sua obra Futuro Ancestral, Krenak (2022) sistematiza a visão indígena do mundo e da existência humana, além de tecer forte crítica à separação de humanidade da natureza. Para ele, tudo o que exista no mundo deve ser compartilhado pelos citados elementos, as memórias ancestrais indígenas ditam a convivência com os demais elementos como se humanos fossem e isso ajuda a compor a identidade dos povos indígenas.

Aguiar (2023) traça um interessante comparativo, num ensaio sobre as ideias dos escritores Ailton Krenak e Nêgo Bispo, por se entrelaçarem, de alguma forma, ao versarem sobre a relação dos seus povos ancestrais com a terra.

Para Porfírio e Oliveira (2021), Antônio Bispo dos Santos, ou Nêgo Bispo, falecido em 2023, foi um líder quilombola, ativista, filósofo, escritor brasileiro, membro da Coordenação Nacional de Articulação das Comunidades Negras Rurais Quilombolas (CONAQ) e membro da Coordenação Estadual das Comunidades Quilombolas do Piauí (CECOQ/PI).

Costumava se opor aos conceitos colonizadores e, por isso, chegou a sugerir o vocábulo "afropindorâmico" para se referir aos africanos que eram trazidos para serem escravizados no território brasileiro em alusão à pindorama, um vocábulo tupi, que corresponde ao primeiro nome dado ao Brasil pelos indígenas que aqui viviam.

Apresentou a dicotomia de concepção de coletividade do modo de viver afropindorâmico, solidário e humano, com a cosmologia colonizadora, desumanizadora. Acreditava que os saberes dos ancestrais deveriam ser passados às novas gerações oralmente. Sugeriu substituir a concepção de desenvolvimento por envolvimento.

Propagou, ainda, a filosofia do contracolonialismo que, trata-se, em síntese, de recusa dos povos colonizados às práticas impostas pelos colonizadores, na tentativa de manter vivas suas culturas e modos de vida ancestrais, o que garante a autodeterminação desses povos.

Esses filósofos contemporâneos têm contribuído para pensamentos desvinculados daqueles impostos pelo colonizador, além de colaborarem na luta para a manutenção dos laços ancestrais em relação à terra e na busca da relação equilibrada entre os seres humanos e o meio ambiente.

Prosseguindo nas questões indígenas, ressalta-se que os indígenas têm se utilizado das ferramentas tecnológicas no combate aos desmatamentos e na defesa de suas terras, em parcerias, por exemplo, com instituições como a WWF-Brasil.

Merecem destaque, ainda, as atividades do Grupo Guardiões da Floresta. Trata-se de um grupo indígena armado que realiza patrulhas em terras indígenas, faz apreensão de objetos ligados às madeireiras e entregam os invasores às autoridades locais.

A importância do Grupo está na defesa e na preservação do território indígena, com o patrulhamento periódico em busca de atividades ilegais em terras indígenas, realizadas pelos invasores e madeireiros; no combate ao desmatamento e à degradação ambiental, com a apreensão de equipamentos e instrumentos usados ilegalmente nessas áreas; e, na apreensão dos executantes de atividades ilegais às autoridades regionais. Por estarem a combater tais atividades, os integrantes têm enfrentado ameaças e emboscadas na região.

Ressalta-se, outrossim, os papeis do órgão ministerial e do Poder Judiciário brasileiros perante os direitos e os interesses dos indígenas, passando a uma sintética abordagem a seguir.

A ATUAÇÃO DE OUTROS ÓRGÃOS GOVERNAMENTAIS

Historicamente, ressalta Martinez (2022), que a primeira menção em território brasileiro do cargo de Promotor de Justiça foi em 1609, num documento regulatório da composição do Tribunal da Relação da Bahia.

Em 1751, foi criado o Tribunal da Relação do Rio de Janeiro que, posteriormente, tornar-se-ia na Casa de Suplicação do Brasil, em 1808, tendo função semelhante à da Casa da Suplicação em Lisboa por ser última instância.

São, por isso, considerados os primeiros exemplos de separações das funções de defesa estatal e fiscal daquela função de defesa da sociedade no Brasil.

Mesmo sendo esses os primeiros exemplos de separações entre as funções, somente com os Decretos nº 848 e 1.030, de 1890, o Ministério Público adquiriu caráter institucional.

Além da função de defender o Estado Democrático de Direito, o Ministério Público deve zelar pelos direitos humanos, sendo o competente pela defesa de grupos sociais mais vulneráveis para a eliminação das injustiças sociais (art. 127, CRFB/88). Para isso, a CRFB/88 lhe concedeu as autonomias administrativa, orçamentária e funcional bem como estabeleceu garantias e vedações aos seus membros, tais como a vitaliciedade e o não exercício de atividade político-partidária (art. 128, § 5º, I, II).

A Lei Complementar nº 75, de 20 de maio de 1993, ou Lei Orgânica do Ministério Público da União (LOMPU), consolidou a organização do Ministério Público da União (MPU) enquanto a Lei nº 8.625, de 12 de fevereiro de 1993, Lei Orgânica Nacional do Ministério Público (LONMP), consolidou, nacionalmente, a organização dos Ministérios Públicos Estaduais, sendo regulamentados por leis complementares estaduais próprias.

O Ministério Público se subdivide em: Ministério Público da União (MPU), Ministério Público Federal (MPF), Ministério Público do Trabalho (MPT), Ministério Público Militar (MPM), Ministério Público do Distrito Federal e Territórios (MPDFT) e Ministérios Públicos dos Estados (MPEs) como disposto no art. 128, caput, da CRFB/88.

Como mencionado, anteriormente, dentre as funções ministeriais institucionais atribuídas pela CRFB/88 estão a defesa dos direitos e dos interesses dos povos indígenas (art. 129, V).

Dado o objeto desta pesquisa, será dada ênfase à 6ª Câmara, que, por tratar de populações indígenas e de comunidades tradicionais, busca assegurar a pluralidade étnico-cultural da sociedade brasileira, sendo a competente para tratar dos grupos que têm em comum um modo tradicional de vida que diverge do modo dos outros membros da sociedade como, por exemplo, os ciganos, os quilombolas e os indígenas.

Em busca da concretização dos objetivos constitucionais, o MPF se utiliza de ações, de acordos, de parcerias, de projetos, em âmbito judicial e administrativo, com a aplicabilidade de conhecimentos, de habilidades, de técnicas e de recursos humanos conforme o MPF (2023).

Um exemplo de atuação ministerial da 6ª Câmara Populações Indígenas e Comunidades Tradicionais está na sistematização das propostas legislativas que tramitam no Congresso Nacional que envolvam direitos indígenas para oferecer a tecnicidade jurídica ministerial, a publicidade, a transparência e os meios de pesquisas para quem atue nesta área temática buscando conhecimento deste tema e para os titulares desses direitos.

Para dinamizar sua atuação, foram criados Grupos de Trabalho (GTs) pelo MPF através de portarias, compostos pelos Procuradores da República voltados às discussões das questões estratégicas ministeriais e, no caso da 6ª Câmara, voltados aos conhecimentos tradicionais, à educação e à saúde dos indígenas, dos quilombolas, dos povos e das comunidades tradicionais.

Dentre suas atividades, estão a elaboração de roteiros para sua atuação, a uniformização de suas atribuições e o acompanhamento de políticas públicas, dos projetos de lei como fora mencionado com a sistematização destes e de outros atos ligados a suas temáticas.

Existem, hoje, alguns GTs, a saber, sendo dois deles intercamerais: Comunidades Tradicionais, Saúde Indígena, Demarcação, Educação Indígena, Prevenção de Atrocidades Contra Povos Indígenas e Formas de Reparação, Quilombos, Jaraguá, Gestão Territorial e Autossustentável, Relatorias, Presos Indígenas e Violência Policial Contra Indígenas (intercameral) e Agroecologia (intercameral).

A 6ª Câmara é responsável pela elaboração de recomendações e de enunciados relevantes para a presente temática, dentre os quais, exemplificar-se-á com a Recomendação nº 13/2020/6CCR, de 29 de abril de 2020.

Segundo tal Recomendação, o MPF sugere à Presidência da FUNAI que se abstenha de cumprir a Instrução Normativa/FUNAI nº 09, de 16 de abril de 2020 que, em breve síntese, permite grilagem nas terras dos povos indígenas.

Outro exemplo é o Enunciado 6CCR nº 41, pelo qual foi atribuída ao MPF a atuação judicial e extrajudicial em casos de terras reivindicadas pelos indígenas e por outras comunidades tradicionais, ainda que não tenha sido feito, ou até mesmo que não haja sido concluído, o processo de identificação e de demarcação dessas terras.

Além da ação ministerial, merece destaque o papel exercido pelo Judiciário nessa seara de direitos indígenas, sendo, brevemente, abordado a partir de agora.

O não atendimento do prazo constitucional de reconhecimento e de demarcação das terras indígenas (art. 67, ADCT c/c art. 231, CRFB) bem como os conflitos por essas terras, acarretam a procura pela intervenção judiciária com a consequente judicialização dos procedimentos demarcatórios.

Porém, apesar de serem diferentes os institutos de propriedade privada de terras do Direito Civil e os institutos constitucionais de posse de terras indígenas, o Judiciário tende a promover um tratamento igualitário que, na prática, poderá corroborar com a continuidade de atos ilegais e ilegítimos de usurpação de terras indígenas.

De modo geral, pode-se sintetizar que o fato de os indígenas deterem a posse coletiva e originária dessas terras já traça a natureza jurídica diferente daquela da propriedade privada civilista.

Há, outrossim, uma supervalorização de registros notariais em detrimento do respeito à ocupação originária dessas terras.

A utilização de audiências, de inspeções judiciais e até de perícias antropológicas pelo judiciário podem ser essenciais para uma melhor instrução processual dessas ações pelo julgador brasileiro. As teses mais adotadas pelo Judiciário para a resolução dessas demandas têm sido a do renitente esbulho e a do marco temporal. Como exemplo do renitente esbulho, tem-se o já citado Caso Raposa Serra do Sol, referente à Pet 3388.

Trata-se de uma tese que considera terra indígena, nos termos constitucionais do art. 231, aquela terra que os indígenas deixaram de ocupar em decorrência de conflitos possessórios que forçaram sua expulsão, caracterizando o esbulho.

Os não-indígenas que disputavam a terra objeto dessa ação alegavam que não poderiam ser consideradas terras indígenas por os indígenas não estarem no local na data da promulgação da CRFB/88.

O STF, após análise dos laudos e dos pareceres técnicos, considerou que os fazendeiros detinham a posse daquela terra mediante o esbulho e a expulsão dos indígenas.

O fato de ter sido comprovada nos autos a resistência e a luta indígena pela terra, antes e após essa expulsão, caracterizou o citado esbulho como renitente.

Os casos em que os indígenas optam por abandonar uma terra e em que foram expulsos de uma terra e desistiram de reavê-la em período antes da promulgação da CRFB/88 caracterizam as hipóteses de desocupação forçada no passado e de ocupação passada de terra.

Já a tese jurídica do marco temporal consiste na defesa de que os indígenas têm direito de ocupação somente das terras que já ocupavam ou, então, disputavam na data da promulgação da CRFB/88, ou seja, em 05 de outubro de 1988. Essa tese foi usada, pela primeira vez, em 2009, no Parecer da Advocacia-Geral da União no citado Caso Raposa Serra do Sol.

Tal tese atingiu o direito à terra dos indígenas, posto que fundamentou ações de anulação de demarcação de terras e até mesmo negativas de reconhecimento desse direito.

Segundo o Senado Federal, foi considerada inconstitucional essa tese pelo STF em setembro de 2023.

A decisão foi proferida pelo Plenário do STF num Recurso Extraordinário em repercussão geral, RE nº 1017365 (Tema 1031).

O Tema 1031 versa sobre a reintegração de posse ajuizada pela Fundação do Meio Ambiente de Santa Catarina (SC) de parte de uma área da Reserva de Sassafrás, considerada terra indígena pela FUNAI.

O recurso foi contra a decisão do Tribunal Regional da 4ª Região por ter confirmado o julgamento de reintegração de posse com o fundamento de que não restou comprovado nos autos a ocupação indígena tradicional dessas terras.

Provido o referido Recurso e anulada a Decisão de reintegração de posse por ter desconsiderado o direito originário à terra e ter considerado apenas o título dominial.

O Congresso Nacional, pouco depois, aprovou projeto de lei para incluí-la (Projeto de Lei nº 2.903/2023).

O Veto presidencial parcial ao referido projeto rejeitou tal tese sob a argumentação da declaração de sua inconstitucionalidade. Mas, esse veto presidencial foi derrubado pelo Congresso Nacional, sendo sancionada a Lei nº 14.701, de 20 de outubro de 2023.

Dessa forma, o STF deverá se manifestar sobre o marco temporal ter sido inserido na legislação federal.

Como o esbulho não é a única mazela a afetar o direito indígena à terra, passa-se à uma sintética abordagem das principais dificuldades enfrentadas pelos indígenas para garantir esse direito.

DIFICULDADES ENFRENTADAS PELOS INDÍGENAS PARA GARANTIR SEU DIREITO À TERRA

Apesar de o Brasil elencar diversos direitos indígenas e caracterizá-los como direitos constitucionais, existem alguns obstáculos que impedem a efetividade ou a implantação desses direitos.

Diferentes naturezas de adversidades são enfrentadas, diariamente, pelos povos indígenas para garantir seu direito à terra e, dentre estas, foram escolhidas as mais notórias para serem, sucintamente, debatidas a seguir.

A ESCASSEZ DE EFETIVIDADE DAS POLÍTICAS PÚBLICAS VOLTADAS À PROTEÇÃO DAS TERRAS INDÍGENAS

As políticas públicas voltadas à proteção das terras indígenas no Brasil enfrentam inúmeras dificuldades que limitam sua efetividade.

Mesmo diante dos estudos, dos esforços e dos avanços, muitas causas acabam contribuindo para a escassez de efetividade dessas políticas tais como os interesses político-econômicos, a carência de recursos e de investimentos públicos, as questões burocráticas, os conflitos fundiários, as questões políticas que afetam os órgãos de fiscalização, a ignorância e o preconceito quanto a temas indígenas, a falta da verdadeira participação indígena nas decisões que lhes possam envolver, as mudanças na legislação, dentre outros.

Segundo a FUNAI (2023), a biodiversidade é rica nas terras indígenas, concentrando 80% (oitenta por cento) da biodiversidade mundial e isso atrai o interesse de não-indígenas nessas áreas, visando explorar economicamente seus recursos naturais, o que pode se tornar um fator determinante na tomada das decisões políticas relativas a essas terras.

Muitos políticos se voltam ao interesse privado e se afastam do interesse coletivo, que vise ao bem comum, atendendo, assim, muitas vezes, aos desejos do empresariado, em especial, ao ligado ao agronegócio e à mineração, o que tem provocado atraso nas demarcações de terras indígenas e até causado a flexibilização de direitos dos povos indígenas como relatado na adoção da tese do marco temporal, por exemplo.

Esse desinteresse pelas demandas indígenas influencia na negligência político-governamental em separar mais recursos e em optar por investir menos do que o necessário, já que a eficácia das políticas públicas ligadas aos indígenas requer aplicação de mais recursos financeiros, um maior desenvolvimento técnico e mais qualificação humana para atividades, tais como a demarcatória e a protetiva das citadas terras.

Isso, também, acarreta certa morosidade das decisões administrativas e atrasos demarcatórios, posto não poder ser esquecido o trâmite burocrático do processo demarcatório em si, quer seja oriundo de processo administrativo ou judicial.

Esses mesmos interesses econômicos podem dar origem aos conflitos fundiários e à violência contra os indígenas para usurpar espaço em suas terras.

Essa omissão estatal impeditiva de tais práticas e a adoção de poucas ações eficazes para resolver esses problemas, traz cada dia mais insegurança às comunidades indígenas.

Outro fator que merece ser mencionado por diminuir a capacidade de monitoramento e de garantia do cumprimento de políticas públicas voltadas aos direitos indígenas, está vinculado às medidas políticas que enfraquecem os órgãos competentes na fiscalização e na proteção desses direitos como, por exemplo, destinando menos recursos públicos para esses entes. A exemplo, cita-se o Decreto nº 11.226, de 07 de outubro de 2022, que alterou a estrutura da FUNAI ao excluir algumas de suas funções importantes como as dos Comitês Regionais, além dos cortes de recursos para demarcação de terras previsto no Orçamento 2022 pelo então Presidente Jair Messias Bolsonaro.

Os preconceitos e os estereótipos dos não-indígenas, também, poderão influenciar na formulação das políticas que, por interesses alheios, deixam de se atentarem às verdadeiras necessidades dos povos indígenas. A exemplo, é muito comum que se conteste o motivo de demarcação de extensas terras para poucos indígenas, desconsiderando seu direito originário garantido constitucionalmente ou que se conteste, ainda, a demarcação de terras por haver indígenas longe de suas comunidades, por mera necessidade de se afastarem por razões educacionais ou laborais.

A ausência da participação ou a participação não significativa dos indígenas nas decisões que sustentarão a elaboração e a execução dessas políticas pode afetar a adequação das medidas adotadas e acabar deixando de atender aos reais interesses indígenas.

Tendo em vista as já citadas pressões políticas, as alterações legislativas nem sempre são benéficas aos direitos indígenas e podem até resultar em verdadeiros retrocessos legislativos, afetando, por conseguinte, a efetividade das políticas já existentes e serem impeditivas da adoção de novas políticas como ocorrido com a estruturação da FUNAI através do Decreto 11.226/22 que ao excluir funções das suas instâncias Regionais pode inviabilizar os estudos sobre os problemas locais dos indígenas assim como sua participação nas consultas públicas.

Além do que foi brevemente abordado, existem determinadas atividades que impedem a efetividade do usufruto do direito à terra pelos indígenas diretamente ou indiretamente, sendo escolhidas as mais evidentes para serem mencionadas logo em seguida.

ATIVIDADES QUE PODEM COLOCAR EM RISCO O DIREITO À TERRA DOS INDÍGENAS

O desenvolvimento de certas atividades econômicas, no Brasil, representa graves riscos aos povos indígenas posto que, em resumo, vão de encontro ao seu modo de vida sustentável e põem em risco a sua permanência em suas terras.

Escolheu-se algumas dessas atividades para uma breve abordagem nesse tópico.

Assim, como exemplos, menciona-se algumas atividades que envolvem a exploração a todo custo dos recursos naturais, o atendimento aos interesses de grupos sociais não-indígenas, a ausência de interesse na preservação de modo de vida e da cultura indígena e a consequente ocupação de suas terras, causando as desapropriações, a degradação ambiental, os deslocamentos involuntários de comunidades indígenas inteiras, a ameaça ao isolamento voluntário de algumas comunidades indígenas, a perda dos recursos ambientais e os frequentes conflitos.

Exemplificativamente, a FUNAI (2023) aponta a atividade de mineração que, além de trazer fortes danos ambientais, poluição aos solos e às águas, ainda compromete a subsistência indígena.

Essa exploração mineral é realizada, muitas vezes, nas terras indígenas sem qualquer consentimento, autorização legal ou prévia informação às comunidades indígenas afetadas.

Muitas vezes desenvolvida em caráter clandestino, a atividade mineradora acarreta insegurança aos indígenas já que os exploradores se utilizam de ameaças, de violência e de intimidação a estes nas aldeias e nas regiões próximas para forçá-los a abandonar tais locais.

Segundo a Câmara dos Deputados (2023), a mineração é uma atividade extrativa realizada em larga escala, que depende das pesquisas prévias de minérios e das concessões de lavras pelo Ministério de Minas e Energia.

O DETER (Sistema de Detecção de Desmatamento em Tempo Real) (2023) tem apontado expressivo aumento de áreas com mineração ilegal em TIs.

O DETER consiste num informe de rápidos sinais de alertas relativos às alterações de coberturas florestais na região amazônica. Esse sistema foi criado para o estudo, o monitoramento e a fiscalização desta região para levantamento de pontos de desmatamento e de degradação florestal junto ao Instituto Brasileiro do Meio Ambiente e dos Recursos Naturais Renováveis (IBAMA), ao INPE (Instituto Nacional de Pesquisas Espaciais) e a outros órgãos fiscalizatórios.

O garimpo é uma atividade extrativista realizada em menor escala, desempenhada individualmente, com uso de instrumento manual e rudimentar, que não depende de pesquisas prévias.

Essa atividade, mesmo realizada em pequena escala, tem acelerado o desmatamento, causando poluição ambiental, além de gerar conflitos armados nessas áreas indígenas na luta por essas terras.

Esse tipo de extração mineral é mais uma a provocar a poluição e a devastação ambiental, através, principalmente do uso de certos materiais tóxicos como o mercúrio, que é um dos responsáveis pela poluição das águas, além de contribuir para que as águas fiquem barrentas e impróprias para as atividades de subsistência indígena.

Para exemplificar, a atividade garimpeira ilegal tem contribuído para a crise humanitária e sanitária na Terra Indígena Yanomami (TYI), acelerando os casos de desnutrição indígena e agravando o quadro de saúde com a disseminação de doenças como a malária, dentre outras, aos indígenas dessa área segundo a FUNAI (2023).

Permitida em terras indígenas no art. 49, XVI, da CRFB, a atividade extrativa está condicionada à prévia autorização do Congresso Nacional, à oitiva obrigatória da comunidade indígena interessada e à indispensável participação dessa comunidade no resultado extrativo obtido na exploração de suas terras.

A exploração e a extração mineral em território indígena são um tema polêmico que traz algumas controvérsias.

Em Nota Técnica acerca da mineração em TIs, a Câmara dos Deputados, elenca algumas dessas controvérsias jurídicas que serão sucintamente mencionadas a seguir.

A primeira controvérsia é relativa à viabilidade socioambiental dessa exploração. Para alguns, como as mineradoras, é fonte de riqueza estatal e pode trazer renda própria para a comunidade afetada e a sua regulamentação reduziria a realização ilegal da mineração. Para outros, como os indigenistas e ambientalistas, a atividade mineradora se opõe ao modo de vida indígena porque impacta negativamente no meio ambiente. Há quem justifique, como alguns parlamentares, a realização dessa atividade no caso de se adequar à questão sociocultural das comunidades envolvidas.

A segunda controvérsia é acerca do período em que deva haver a consulta das comunidades indígenas sobre atividade mineradora. Seguindo a Convenção 169, OIT, a oitiva deve ser antes da regulamentação em específica consulta e, para outros, deve ser limitar ao início da atividade em si.

A terceira controvérsia está na constitucionalidade na permissão da atividade garimpeira em terras indígenas. Para uns parlamentares, não há óbice constitucional. Para outros, é inconstitucional, pois o art. 231, § 7º, da CRFB, dispõe acerca do incentivo ao cooperativismo das atividades garimpeiras, não sendo aplicável às TIs. Há parlamentar que defenda que os próprios indígenas realizem a atividade garimpeira.

A quarta controvérsia repousa na existência do poder de veto indígena. O STF, no mencionado Caso Raposa Serra do Sol, considerou necessária a oitiva dos indígenas e dispensável sua aprovação. Já o MPF considera a negativa indígena como determinante para a decisão estatal.

A quinta controvérsia se refere à regulamentação do termo relevante interesse público da União trazido pelo art. 231, § 6 º, da CRFB, que possibilita a exploração dos recursos naturais das TIs de forma excepcional, caso atenda esse interesse.

Para o MPF, é necessária a promulgação de lei complementar por previsão constitucional para delimitar o conceito dessa expressão.

Feitas essas menções, passa-se à próxima atividade que obstaculiza o direito à terra dos indígenas.

Trata-se do supracitado agronegócio, que adentra cada vez mais os territórios indígenas para dar espaço aos pastos de animais, principalmente, gado bovino e ao cultivo agrícola, causando problemas como invasões e desmatamento, com a correspondente limitação ou falta de acesso dos recursos naturais às comunidades indígenas, fato que compromete, igualmente, sua subsistência.

Um dos argumentos de defesa da adoção do marco temporal está, justamente, fundamentado no agronegócio, sob a justificativa de que o avanço da demarcação territorial indígena seria prejudicial à produção agropecuária.

A agropecuária pode ser vista como um conjunto de atividades relacionadas à agricultura e à pecuária.

Segundo dados da Companhia Brasileira de Abastecimento (CONAB) (2023), houve aumento do plantio e da produção de soja em Mato Grosso, fazendo deste estado líder na produção de soja brasileira.

Essa expansão do cultivo causa preocupação às comunidades indígenas, visto que para haver plantio, deve haver espaço na terra, tendo a sojicultura ocupado maiores áreas, inclusive áreas de TIs.

Para a Mobilização dos Povos Indígenas do Cerrado (MOPIC), essa monocultura de soja inseriu a transgenia na região e trouxe muito desequilíbrio ambiental como o desmatamento, a degradação dos solos e a contaminação das águas com o uso de agrotóxicos, o que compromete a saúde e subsistência indígenas.

Dito isso, segue-se à menção de outra atividade que possa impedir a efetividade do direito indígena à terra.

A construção de hidrelétricas causa tolhimento do direito à terra dos indígenas por alagar parcial ou integralmente suas terras, além de causar desequilíbrio ambiental e ao ecossistema aquático, comprometendo sua subsistência.

Paz (2006) cita alguns exemplos, em sua tese, como o da construção das Usinas Hidrelétricas de Balbina e de Tucuruí, por terem sido obras que trouxeram instabilidade nas regiões afetadas e muitos conflitos com os indígenas.

Segundo o Conselho Indigenista Missionário (CIMI) (2022), não houve a necessária oitiva prévia dos povos indígenas atingidos por outra construção hidrelétrica, a obra da Usina de Belo Monte, localizada no Rio Xingu, com a evidente violação ao direito fundamental previsto na CRFB e às previsões da Convenção 169, da OIT.

A sua participação se limitou a meros informativos sobre a futura obra e a audiências públicas realizadas pelo Instituto Brasileiro do Meio Ambiente e dos Recursos Naturais Renováveis (IBAMA) acerca do licenciamento ambiental.

Existe, ainda, a constante ameaça ao isolamento voluntário de algumas comunidades indígenas, acarretando mais uma violação aos direitos indígenas referente à sua escolha espontânea de viverem isolados da sociedade não-indígena e até de outras comunidades indígenas.

Para a FUNAI, povos isolados são determinadas comunidades que decidem de maneira espontânea ou, diante de circunstâncias adversas, viver completamente isoladas e/ou não manter qualquer contato com pessoas de fora dessa comunidade. Ressalta que se deve respeitar tal isolamento, sem que haja contatos forçados, permitidos apenas em situações excepcionais de risco à saúde de algum de seus membros, sendo feito o monitoramento remoto dessas comunidades.

Segundo dados oficiais da citada Fundação, os garimpos ilegais estão cada vez mais próximos de certos grupos de indígenas isolados na parte brasileira da região amazônica como, por exemplo, no território do Povo da etnia Moxihatetea, o que pode acarretar perigo pelos conflitos territoriais e pelo contágio de doenças, as quais tais povos possam ter pouca ou baixa imunidade.

Se a FUNAI, em ações de monitoramento, verificar que existem povos indígenas isolados em território diverso do já caracterizado como TI, tem competência para usar do poder de polícia e aplicar o instituto da restrição de uso, com amparo legal no art. 7º, do Decreto nº 1.775/96, no art. 231, da CRFB e no art. 1º, VII, da Lei nº 5.371/67. A medida de restrição de uso consiste numa limitação do ingresso e do trânsito de pessoas que não sejam dessas comunidades isoladas.

Para Di Pietro (2019), o poder de polícia, resumidamente, é um limite ao exercício de direitos individuais em prol da coletividade. No caso relatado, seria uma limitação ao direito de ir e vir em benefício da continuidade de isolamento das comunidades indígenas isoladas, da sua autodeterminação e do seu direito à terra.

Essas e outras atividades têm prejudicado a garantia do direito indígena à terra. Dessas questões ora apontadas, percebe-se que existem papeis a serem cumpridos para a efetivação desse direito por parte da sociedade, do governo e dos órgãos públicos.

Assim, logo após, serão apresentadas, algumas medidas que possam contribuir para que tal direito seja devidamente efetivado.

MELHORIAS NECESSÁRIAS À EFETIVAÇÃO DO DIREITO À TERRA DOS INDÍGENAS

A proteção efetiva do direito indígena à terra é um dever coletivo que cabe à comunidade nacional e internacional, não podendo ficar limitada às comunidades indígenas nem ser impedida por interesses de determinados grupos sociais.

No plano interno, há necessidade de o Brasil adotar políticas públicas e medidas que respeitem com eficácia o direito constitucional à terra dos indígenas, tais como garantir o isolamento das comunidades indígenas que queiram continuar distante do contato externo e garantir sua subsistência, garantindo-lhes que permaneçam com seu modo de vida, em um ambiente salubre e com o ecossistema equilibrado.

Importante frisar que o papel das ONGs pode ser considerado como fonte de estudo e de pesquisas para a adoção de melhores políticas e medidas, dado o fato de atuarem localmente junto às comunidades indígenas e fazerem estudos e levantamentos da situação destas.

Além desses, os movimentos sociais, principalmente, aqueles ligados a indigenistas e a ambientalistas, apontam os holofotes para as causas indígenas, cooperando com uma maior conscientização social e até mesmo certa pressão sociopolítica.

O legislador brasileiro visar à otimização da demarcação de terras indígenas bem como a aplicação de sanções aos violadores do direito indígena à terra para garantir maior proteção a estes.

A atribuição de maior importância às recomendações do MPF pelos Governos Federal e Estaduais pode dar melhor direcionamento às ações governamentais e inspirar a criação de excelentes políticas públicas para garantir tal direito.

O fortalecimento das competências e o direcionamento de mais recursos à FUNAI pode lhe garantir mais autonomia e independência para o cumprimento de sua atribuição relativa ao processo de declaração e de demarcação de terras indígenas.

O compromisso brasileiro em se incubir de conferir aos povos indígenas uma concreta e significativa participação bem como uma prévia e real consulta aos povos indígenas permitirá a inclusão de suas necessidades e de suas preocupações a ações e a políticas públicas.

A divulgação dos direitos indígenas à terra pelos órgãos governamentais de proteção, pelas ONGs e pelos próprios movimentos indigenistas são relevantes para conscientizar a sociedade da necessidade de garantia da autodeterminação dos povos originários bem como de garantir a diversidade étnico-cultural brasileira.

Isso, por sua vez, pode contribuir para o recebimento de apoio e para a cobrança de melhorias e de mudanças nas políticas públicas atuais, ajudando no combate ao preconceito e aos estereótipos que ainda permeiam sobre os povos indígenas.

É cediço que a dificuldade de acesso a áreas indígenas mais afastadas, dentro do coração amazônico, acaba contribuindo para a falta de atuação e de fiscalização do poder público, fato que facilita as invasões e demais crimes cometidos em face dos indígenas. Assim, são, precisamente, em tais áreas que devem ser intensificadas as ações de monitoramento e de fiscalização para que possam combater esses atos ilegais.

No plano externo, há necessidade de adequação do Brasil às orientações existentes em documentos internacionais que traçam os termos de proteção mínima aos povos indígenas, como a Declaração das Nações Unidas sobre os Direitos dos Povos Indígenas.

Outra forma de responsabilizar o Brasil pelas eventuais violações aos direitos indígenas à terra é submeter os casos à Corte IDH, tendo em vista que as condenações lhe acarretarão cobranças, contribuindo de forma pedagógica para que futuras condenações sejam evitadas.

CONCLUSÃO

Observando fatos históricos, percebe-se que influenciaram diretamente tanto o tratamento dispendido aos indígenas quanto contribuíram para a forma de distribuição de terras e formas de aquisição de terras no Brasil.

E o Brasil, por ter sido colônia de Portugal, tem sua história e seu direito atrelado a essa circunstância.

Os primeiros normativos foram criados por Portugal para que suas colônias se adaptassem, o que acabou inspirando o Brasil, já independente, a deixar de elaborar normas voltadas aos indígenas, ou até mesmo, elaborar normas discriminatórias para membros da sociedade não-indígena e membros da sociedade indígena.

Foram os incipientes instrumentos de proteção aos direitos humanos em geral que alicerçaram os incipientes instrumentos de proteção específicos de determinados grupos como os povos indígenas, o que não ocorreu de forma célere, linear nem gradual, sendo reflexo mesmo da resistência indígena em sempre tentar manter sua cultura.

A forma indígena de lutar pelos seus direitos tem mudado ao longo do tempo. Das batalhas travadas com arcos e flechas contra aqueles que viam como inimigos, das alianças amistosas e, às vezes, até forçada com os não-indígenas, da organização de movimentos próprios e de ONGs, os indígenas vêm lutando pela cidadania e pelos demais direitos que lhes possam proporcionar a continuidade da sua cultura e de seu modo de ser coletivo.

É necessário deixar claro que a concessão de direitos aos indígenas advém de uma secular contenda, fruto de sua conscientização, organização e movimentação para cobrar por seus direitos e para torná-los concretos, não podendo ser vista meramente como uma cessão de favores da sociedade não-indígena.

É, portanto, o advento da garantia, mesmo que tardia, de direitos humanos básicos aos povos indígenas que sempre lutaram pelo seu reconhecimento como detentores desses direitos contra a negativa destes ao longo dos anos e contra o tratamento diferenciado que recebiam só por terem nascido indígenas.

Assim, pode-se perceber que, ao contrário do que ensinam os livros escolares de História, não houve momentos de submissão ou tolerância dos indígenas após a chegada do europeu às terras brasileiras.

As discussões em organismos internacionais que afloraram sobre direitos humanos mostraram que os indígenas estão levando suas demandas ao conhecimento mundial e fugindo de um contexto estigmatizado e regionalizado.

Surge a conscientização de que as comunidades indígenas devem ter a si assegurados direitos coletivos, além dos direitos individuais.

O Brasil tem seguido alguns retrocessos relativos aos direitos indígenas ora por questões econômicas, ora por questões políticas, ora por questões ligadas a interesses de determinados grupos, dentre outras.

Mas, há também avanços como no caso da adoção de políticas públicas ligadas à saúde ou à educação indígenas, além das parcerias entre órgãos governamentais e entidades privadas para promoção dos direitos indígenas.

Dentre esses direitos, o que mais poderia lhes tocar o âmago espiritual seria o direito à terra, posto sua relação mais forte com os elementos da natureza.

Não se pode deixar de considerar que o fato de os indígenas terem se esforçado para aprender o português, por ganhar visibilidade, por entrar nas universidades, por ocupar cargos públicos, por fazer uso de novas tecnologias como os drones, demonstre o quanto permanecem dispostos a lutar pelos seus direitos, pois foi através de suas participações em organizações e em eventos nacionais e internacionais que fora possível a iluminação de suas demandas, trazendo mudanças significativas em campos sociais, jurídicos e políticos no Brasil e no mundo.

No plano interno, nota-se tal cenário a partir da inclusão de um capítulo inteiro dedicado aos povos indígenas na Constituição da República Federativa do Brasil de 1988 (Capítulo VIII-Dos Índios), após o impactante discurso do líder indígena Ailton Krenak, que, enquanto apresentava fortes argumentos para convencer os congressistas a aprovarem a emenda constitucional que versava sobre os direitos indígenas, pintava seu rosto com tinta natural de jenipapo ao vivo no Plenário da Câmara dos Deputados em 1987.

Porém, mesmo que tenham sido assegurados direitos aos indígenas com natureza constitucional, no Brasil, resta clara a falta de implementação visto que, para exercício dos demais, o direito à terra deveria já ter sido cumprido de forma integral e terem sido tomadas medidas mais céleres e eficientes para não haver mais casos como o de Raposa Serra do Sol.

A atenção às questões indígenas não deve ficar restrita somente a homenagens anuais, como no Dia do Índio, dada a sua enorme contribuição para a sociedade, cultura e meio ambiente brasileiro. E soa contraditório que aqueles que habitavam e cultivavam a terra originariamente ainda lutem para ter direito a ela.

As tentativas de retrocesso como a adoção do marco temporal em ações judiciais sobre terras indígenas, os normativos de estruturação de órgãos basilares aos direitos indígenas que excluam ou diminuam sua competência na defesa destes como a FUNAI, o posicionamento sociopolítico de governantes brasileiros que não deem prioridade às causas indígenas, além dos interesses de não-indígenas nos recursos naturais existentes nessas terras têm sido alguns dos fatores responsáveis pela demarcação lenta ou paralisada das terras indígenas ao longo do tempo, mesmo após o reconhecimento originário no texto constitucional brasileiro em 1988.

O quinquênio legal para a efetivação dessas demarcações, que anunciava um prazo razoável após a retomada da democracia no Brasil, tem se mostrado efetivamente um prazo infindável em prejuízo dos povos indígenas que continuam a lutar para manter sua conexão com a terra e sua memória ancestral.

REFERÊNCIAS BIBLIOGRÁFICAS

Aguiar, J. O. (2023). As filosofias de Ailton Krenak e Antônio Bispo dos Santos: Pensamento Criativo Surgido da Relação com a Terra no Brasil da Nova República. Acesso em 28 de janeiro de 2024, https://www.gvaa.com.br/revista/index.php/RBFH/article/view/10138.

Araujo, A. V. (2006). Povos Indígenas e a Lei dos "Brancos": o direito à diferença. Brasília, DF: Ministério da Educação, Secretaria de Educação Continuada, Alfabetização e Diversidade.

Associação Nacional dos Procuradores da República. (2018). Índios, Direitos Originários e Territorialidade. Brasília, DF: Editora ANPR.

Brasil. Cartas Régias. Acesso em 29 de setembro de 2023, https://www.planalto.gov.br/ccivil_03/Carta_Regia/cartaregia-quadro.htm.

Brasil. Constituição da República Federativa do Brasil. Acesso em 14 de abril de 2023, https://www.planalto.gov.br/ccivil_03/Constituicao/Constituicao.htm.

Brasil. Lei nº 6.001, de 19 de dezembro de 1973. Dispõe sobre o Estatuto do Índio. Acesso em 10 de abril de 2023, https://www.planalto.gov.br/ccivil_03/leis/l6001.htm.

Brasil. Decreto nº 1.775, de 08 de janeiro de 1996. Dispõe sobre o procedimento administrativo de demarcação das terras indígenas e dá outras providências. Acesso em 10 de abril de 2023, http://www.planalto.gov.br/ccivil_03/decreto/D1775.htm.

Brasil. Decreto 7.747, de 05 de junho de 2012. Institui a Política Nacional de Gestão Territorial e Ambiental de Terras Indígenas – PNGATI, e dá outras providências. Acesso em 12 de abril de 2023, https://www.planalto.gov.br/ccivil_03/_ato2011-2014/2012/decreto/d7747.htm.

Brasil. Decreto nº 11.226, 07 de outubro de 2022. Aprova o Estatuto e o Quadro Demonstrativo dos Cargos em Comissão e das Funções de Confiança da Fundação Nacional do Índio - Funai e remaneja e transforma cargos em comissão e funções de confiança. Acesso em 05 de fevereiro de 2024, https://www.planalto.gov.br/ccivil_03/_ato2019-2022/2022/decreto/D11226.htm#:~:text=D11226&text=Aprova%20o%2 0Estatuto%20e%20o,comiss%C3%A3o%20e%20fun%C3%A7%C3%B5es%20de%20confian%C3%A7a.

Brasil. Decreto nº 11.355, 01 de janeiro de 2023. Aprova a Estrutura Regimental e o Quadro Demonstrativo dos Cargos em Comissão e das Funções de Confiança do Ministério dos Povos Indígenas e remaneja cargos em comissão e funções de confiança. Acesso em 10 de abril de 2023, http://www.planalto.gov.br/ccivil_03/_ato2023-2026/2023/decreto/D11355.htm.

Brasil. Decreto Legislativo nº 143, de 2002. Aprova o texto da Convenção nº 169 da Organização Internacional do Trabalho sobre os povos indígenas e tribais em países independentes. Acesso em 15 de junho de 2023, https://www2.camara.leg.br/legin/fed/decleg/2002/decretolegislativo-143-20-junho-2002-458771-exposicaodemotivos-143060-pl.html.

Cabral, A. S. A. C., Martins, A. M. S., Silva, B. C. C. & Oliveira, S. C. S. (2014). A Linguística Histórica das Línguas Indígenas do Brasil, por Aryon Dall'igna Rodrigues: Perspectivas, Modelos Teóricos e Achados. Acesso em 10 de outubro de 2023, https://www.scielo.br/j/delta/a/JkBvzKs6xLNmqmRdF8bKfnq/#.

Carneiro da Cunha, M., & Barbosa, S. (2018). Direitos dos Povos Indígenas em Disputa. São Paulo, SP: Editora Unesp.

Coelho, M. C. (2005). Do Sertão para o Mar-Um Estudo sobre a Experiência Portuguesa na América, a partir da Colônia: o Caso do Diretório dos Índios (1751-1798) (Doctoral Dissertation, Universidade de São Paulo).

Cunha, M. C. (1992). História dos Índios no Brasil. São Paulo: SP: Companhia das Letras.

Dias, C. L., & Capiberibe, A. (2019). Os Índios na Constituição. Cotia, SP: Ateliê Editorial.

Di Pietro, M. S. Z. (2019). Direito Administrativo. 32ª ed. Rio de Janeiro, RJ: Forense.

Freire, G. (2001). Interpretação do Brasil: Aspecto da Formação Social Brasileira como Processo de Amalgamento de Raças e Culturas. São Paulo, SP: Companhia das Letras.

Henderson, M. T. (2023-03-11). Terras indígenas: Justiça dos EUA decidiu o oposto do que o STF fez no Brasil. Gazeta do Povo. Acesso em 01 de abril de 2024, https://www.gazetadopovo.com.br/vozes/todd-henderson/terras-indigenas-justica-dos-eua-decidiu-o-oposto-do-que-o-stf-fez-no-brasil/.

Hungria, N. (1958). Comentários ao Código Penal. 4ª edição. Rio de Janeiro, RJ: Forense.

Kopenawa, A., Davi, Bruce. (2015). A queda do Céu: Palavras de Um Xamã Yanomami. 1ª ed. São Paulo, SP: Companhia das Letras.

Krenak, A. (2022). Futuro Ancestral. São Paulo, SP: Companhia das Letras.

Longo, D. T. V. G. (2020). O indigenismo Brasileiro na Revista América Indígena: Órgano Trimestral del Instituto Indigenista Interamericano (1941-945). Acesso em 10 de outubro de 2023, http://www.pph.uem.br/dissertacoes-e-teses/dissertacoes/danielle-t-v-g-longo.pdf.

Luciano, G. S. (2006). O Índio Brasileiro: O Que Você Precisa Saber Sobre os Povos Indígenas no Brasil de Hoje. Brasília, DF: Ministério da Educação, Secretaria de Educação Continuada, Alfabetização e Diversidade.

MALUF, A. C. (2017). Propriedade Imóvel Rural no Brasil–Fundamentos Históricos e Jurídicos-Das Sesmarias ao Século XXI. Revista Brasileira de Estudos Jurídicos-Faculdades Santo Agostinho, 10(2), 57-99.

Marchant, A. (1943). Do escambo à escravidão: as relações econômicas de portugueses e índios na colonização do Brasil, 1500-1580. Brasiliana.

Martinez, Tiago (2022). O Ministério Público na Contemporaneidade: A Construção do Atual Modelo Constitucional e o Poder de Agenda Ministerial. Acesso em 03 de dezembro de 2023, https://www.mprj.mp.br/documents/20184/3600511/Tiago +Martinez_RMP-86.pdf.

Mazzuoli, V. O. (2019). Curso de Direitos Humanos. 6ª ed. Rio de Janeiro, RJ: Forense; São Paulo, SP: Método.

Melo, V. H. & Lima, M. M. B. (2023). Políticas Indigenistas no Brasil Colonial, Imperial e Republicano: A Evolução do Ordenamento Jurídico Brasileiro. Salvador, BA: Revista do Programa de Pós-Graduação em Direito. Acesso em 23 de setembro de 2023, https://periodicos.ufba.br/index.php/rppgd/article/view/43473/28391.

Moreira, A. L. M. (2022). "Ser Índio Deixou de Ser Sinônimo de Escondido no Mato": Uma Conversa Sobre Visibilidade com Ailton Krenak. Acesso em 10 de outubro de 2023, https://www.scielo.br/j/ra/a/x4tv5KtrkT6jSGWKnCLQSpB/#.

Musy, B. R. (2018). O Diretório dos Índios de 1755: Economia, Trabalho e Polícia no Reformismo Luso-brasileiro.

Nozoe, N. (2006). Sesmarias e Apossamento de Terras no Brasil Colônia. Revista Economia, 7(3), 587-605.

Oliveira, K., Neves, R. & Fialho, Vânia. (2022). Conflitos, Violência e o Caso Xucuru na CIDH. Acesso em 10 de outubro de 2023, https://www.scielo.br/j/rdp/a/d5dpmfYFCQ5ZLdj96FPLftP/?format=pdf&lang=pt.

Padilha, R. (2020). Direito Constitucional. Rio de Janeiro, RJ: Forense; São Paulo, SP: Método.

Palmquist, H. (2018). Questões sobre Genocídio e Etnocídio Indígena: a Persistência da Destruição. Belém: UFPA.

Paz, L. R. L. (2006). Hidrelétricas e Terras Indígenas na Amazônia: Desenvolvimento Sustentável? Acesso em 28 de janeiro de 2023, https://www.ppe.ufrj.br/images/publica%C3%A7%C3%B5es/doutorado/Luciana_Rocha_Leal_da_Paz.pdf.

Pedro, L. C. (2008). História da Companhia de Jesus no Brasil: Biografia de uma Obra.

Pereira, M. R. S. (2017). Direito dos Povos Indígenas. 1ª ed. São Paulo, SP: Enciclopédia jurídica da PUC-SP.

Pinheiro, A., Dutra, S. & Stival, M. M. (2020). O Papel da Corte Interamericana de Direitos Humanos na Proteção de Direitos Indígenas: Uma Análise do Caso "Povo Indígena Xucuru versus Brasil". Acesso em 10 de outubro de 2023, https://www.academia.edu/78941986/O_papel_da_Corte_Interamericana_de_Direitos_Humanos_na_prote%C3%A7%C3%A3o_de_direitos_ind%C3%ADgenas_uma_an%C3%A1lise_do_caso_Povo_Ind%C3%ADgena_Xucuru_versus_Brasil_

Pinheiro, J. A. U. (2003). Conflitos entre Colonos e Jesuítas na América Portuguesa. In V Congresso Brasileiro de História Econômica. Anais/ Associação Brasileira de Pesquisadores em História Econômica. Belo Horizonte: ABPHE.

Piovesan, F. (2021). Direitos Humanos e o Direito Constitucional Internacional. 19ª ed. São Paulo, SP: Saraiva Educação.

Ramos, A. R. (2012). Constituições Nacionais e Povos Indígenas. Belo Horizonte, MG: Editora UFMG.

Santana, P. M. S. & Magalhães, T. Q. (2022). Caso Xucuru e o Bem Viver do Povo Fulni-ô (PE). Acesso em 10 de outubro de 2023, https://www.scielo.br/j/rdp/a/7rnMy6zTLftyTJKFGCzmftc/?format=pdf&lang=pt.

Souza, K. L. & Apontes, S. A. (2020). Conversando sobre Novas Práticas para Quebrar Preconceitos em Relação aos Povos Indígenas. Muiraquitã: Revista de Letras e Humanidades, 8(2).

Made in the USA
Monee, IL
04 November 2026

67377515R00059